长安古道

王蓬 著

西安出版社

图书在版编目（CIP）数据

长安古道 / 王蓬著. — 西安：西安出版社，2020.12（2022.6重印）
 ISBN 978-7-5541-5151-8

Ⅰ.①长… Ⅱ.①王… Ⅲ.①长安(历史地名)-古道-研究 Ⅳ.①K928.78

中国版本图书馆CIP数据核字(2021)第000045号

纸上长安

长安古道
CHANG'AN GUDAO

出 版 人：	屈炳耀
著 者：	王 蓬
责任编辑：	徐 妹 何 岸
责任校对：	曹改层
装帧设计：	邵 婷
出版发行：	西安出版社
地 址：	西安市曲江新区雁南五路1868号影视演艺大厦11层
电 话：	(029) 85253740
邮政编码：	710061
印 刷：	三河市嵩川印刷有限公司
开 本：	889mm×1194mm 1/32
印 张：	9.375
字 数：	162千
版 次：	2020年12月第1版
印 次：	2022年6月第2次印刷
书 号：	ISBN 978-7-5541-5151-8
定 价：	58.00元

△如有印刷、装订问题，本社负责另换。

序

人类文明源远流长，有各种表述方式，比如通史、断代史、地方史等，还可分门别类，比如战争史、水利史、交通史等。其实"条条大道通罗马"，无论是从全局还是行业都能表现出人类从幼稚到成熟所经历的艰难曲折与柳暗花明。

八川分流绕长安，秦中自古帝王州。

关中平原由于地形之胜和物产之丰，长安常被作为建立国都的首选之地。从公元前1000多年的西周开始，八百里秦川便为多个王朝修建规模宏大的都城提供了理想的用武之地。西周、秦、西汉、新莽、东汉献帝、西晋、前赵、前秦、后秦、西魏、北周、隋、唐等十三个王朝在此建都。

早在西周时修建丰、镐二京时，已有"前朝后市，左祖右舍，街道则有九经九纬"的规定，把敬祖的宗祠、王宫、市场、道路统一规划，相当完备考究。既有城堡，又有街市，筑城卫君，造廓守民。这是最早诞生于中华大地上的城市。同时，西周对京畿之地的道路修建也有严格的规定和标准,把道路分为经、纬、环、野,并与田亩面积、水渠长短、城邑大小、物流多少统一规划,整齐而富于变化,统一中透出威仪,充分显示出礼仪之邦的高度文明。

之后,长安作为多个王朝国都的首选,为政令畅通、版图完整、调集军队、委派官吏、征收赋税、沟通京都省府与边城远地,必然要修筑四通八达的驰道驿路:有通往中原三川的函谷道;荆楚湖湘的武关道;直逼塞北的秦直道;穿越秦巴大山的多条蜀道;横跨欧亚的丝绸之路和通往雪域高原的唐蕃古道。这些国道经多朝筛选、维护、修整,形成选线科学、布局合理、驿置完备、功能齐全的交通网络,如同庞大帝国的血脉,把京都首府与重镇边陲沟连起来,不仅保障了这个东方帝国的安定团结,欣欣向荣,还经过畅通的道路把东方文明远输西域欧亚与雪域高原;同时"丝绸西去,佛教东传",西方的宗教、哲学、文化也传入东方。多条古道在民族融和及东西方政治、经济、文化交流等诸多领域发挥了巨大的作用。

本书通过对古都长安辐射出去的多条古道的起始、方位、形制、变迁与所起作用以及与古道相关的著名人物、重大事件详尽钩沉梳理，多方探幽发微，力图展现出长安古道深厚久远、极富传奇的往事和波澜壮阔、内涵宏富的历史画卷。

希望作者的努力能得到读者的认可。

古道多咏叹	**陈仓道石鼓**
246	168
洋人说古道	**远嫁开通衢**
262	182
长安与罗马	**路遥知马力**
278	204
参考书目	**运河通西市**
290	220
后记	**唐诗伴远行**
292	234

目录

序
I

帝都山河定
002

周道垂后世
014

函谷问中原
028

武关通楚天
042

秦筑直道
058

汉拓西域
076

张骞"凿空"
100

黄河越天险
114

褒斜道开通
128

子午道奇谋
146

目录

以古都长安为中心

对由此辐射出去的四通八达的古道

——钩沉

通盘描述

长安古道

CHANG'AN GUDAO

帝都山河定

帝都山河定

八川分流绕长安，秦中自古帝王州。

长安作为多个王朝国都首选绝非偶然，与华夏民族的起源、生存、发展密不可分。它是由公元前1000多年的西周和之后秦、汉、唐时期的国情决定，更是由关中平原山河地理格局决定的。黄河流域是华夏民族诞生的摇篮，在蓝田发现旧石器，已有五六十万年的历史。西安市半坡遗址表明，六七千年前，这里生活着发达的母系氏族村落，他们用石和骨磨制出锋利的斧、刀、铲、箭头和鱼钩等生产工具，烧制出碗、壶、瓮、罐、瓶等陶器用品，黑红两色图案非常优美，有飞奔的鹿和游动的鱼，栩栩如生，堪称杰作。中华民族号称炎黄子孙，炎黄二帝都安葬于陕西，说明我们祖先最早就在黄河流域、黄土高原繁衍生息。

人类进入文明史，奴隶社会鼎盛时期西周所建镐京，在西安市长安区斗门镇附近。从当时人类活动半径看，再也找不到比八百里秦川更优越的形胜之地。古人讲究国都为"天下之中"，即位于全国中心。时至今日，打开地图，便可看出陕西位处河南、山西、湖北、重庆、四川、甘肃、宁夏、内蒙古八省区之中，在全国绝无仅有。中华人民共和国大地原点，距西安市中心直线距离45千米。可见古人的眼光

长安古道

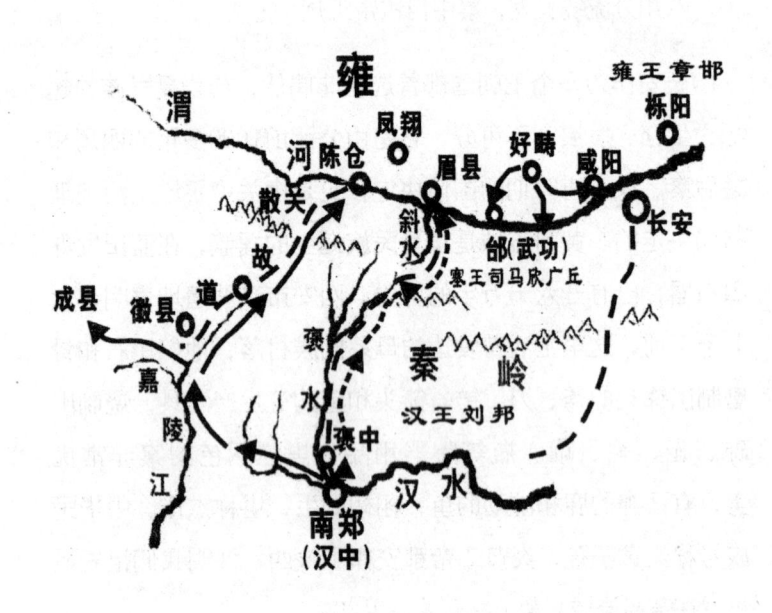

刘邦平定三秦示意图

是何等智慧远大。

八百里秦川是由黄河最大支流渭水冲积而成的带状平原，它西起宝鸡，东到潼关，长达七百余里，宽一百余里，南有巍峨秦岭屏障，北有渭北高原襟怀，其间渭河横贯，水草丰腴、土地肥美，周人和秦人的祖先很早就在这里繁衍垦殖，东西南北分别有潼关、散关、武关、萧关等天然关塞四围，易守难攻，故被称为关中。当时人类开发有限，山川保持着原始风貌，周秦时期，国都长安被渭水、泾水、灞水、浐水、沣水等八条河流环绕。这些河流的发源地秦岭与渭北高原均生长着茂密森林，涵养着丰富的水源，河流丰腴，芦苇凄迷，水鸟翻飞，鲤鱼肥鲜。司马相如在《上林赋》中对长安的风景有纪实性描述：八条河流以迷人风姿，流过苍茫无垠的原野，秦岭蔓生着高大的栎树、白杨、毛榉和枫树；山脚下有山梨、柿子、枇杷和酸枣；成群的野鹿奔驰；猴子在森林间跳跃觅食。各种鸟类啼鸣，竹林成片，浓绿滴翠，有熊猫出没。《新唐书》有赠送日本使臣熊猫的记载。早在战国时，秦国便修筑郑国渠，利用渭北高原二级台阶引泾水灌溉泾阳、三原、高陵、临潼、富平、渭南等县土地达280万亩，使关中连年丰收，水旱从人，不知饥馑，成为最为发达的农业经济区，史书

长安古道

称关中为"海陆之地""天府之国"。司马迁在《史记》中写道:"关中之地,于天下三分之一,而人众不过什三,然量其富,则什居其六。"又说"南山(秦岭)有竹木之饶,北地有畜产之利",关中平原"男有余粟,女有余帛",是公元前10世纪至公元8世纪全世界经济最为发达、社会高度文明的地区。

由于关中地形之胜和物产之丰,长安常被作为国都首选地,从公元前1000年西周开始,八百里秦川便为多个王朝修建宏大都城提供了理想之地。

秦王朝崛起后,在渭河两岸大兴土木。在征服六国中,每灭一国,便在咸阳原上仿造这个国家的宫殿,并用其国宫女填充。一时间,燕语吴声,越调楚曲,不绝于耳。同时,为了视察炫耀帝威,这些宫殿"以空中阁道相通,自殿下直达骊山"延绵百里不绝。秦统一后,始皇又以"咸阳人多,先王之宫廷小"为由,在渭河南岸修筑阿房宫为主的庞大建筑群落。唐人杜牧在《阿房宫赋》中描述:"复压三百余里,隔离天日。"这些琼台楼阁仙境般的建筑虽被项羽义军点燃,"大火三月不熄"烧为灰烬,但秦修建的豪陵,陪葬的兵马俑却在数千年后,仍让世界久久地惊叹。

帝都山河定

公元前206年，刘邦灭掉项羽，统一天下，定国号为汉，在秦都东侧，渭河南岸修筑汉长安城。这是一座规划严谨，布局合理，结构完整的都市。皇家宫阙、官员行署、居民住宅、街道市场各有安排，形成"八街、九陌、三宫、九府、三庙、十二门、十六桥"的庞大建筑群落，四周有高大雄浑长达26千米的城墙围定，十二座飞檐挑角、庄重巍峨的城楼，使汉长安城无比雄伟，当时的世界只有西方罗马城可与之相比。汉长安城最宏伟的要数未央宫，由四十多座不同风貌的宫殿组成，以曲径回廊勾连，宫殿承担着不同的功能。比如天禄阁便是宫廷藏书处，司马迁在这里查阅典籍，写成史诗般伟大的《史记》。长安城中，王公大臣各司其职，寻常百姓安居乐业。汉代的冶铁、煮盐、纺织以及竹器、玉器、漆器制造十分兴旺。长安城中市场便有九个，六个在西，三个在东，各有围墙，店铺林立，排列有序。班固在《西都赋》中描写，货物堆积如山，市声如潮喧嚣，人头攒动，车辆拥挤，以至尘烟四起，直冲云天。

汉之后，魏晋南北朝，五胡十六国。其中，前赵、前秦、后秦、西魏、北周仍以长安为国都，沿袭汉长安城格局。公元582年，隋统一天下，在汉长安城东南龙首原下修大兴城，由被推崇为世界级的建筑大师宇文恺主持，大兴城规

长安古道

汉长安城未央宫遗址

模宏大、结构严谨、宏伟壮丽。用建筑大师傅嘉年的话说："大兴城是人类进入资本主义社会以前所建的最大的城市。"唐长安城正是在隋大兴城的基础上，又大规模地修整和完善，修建了大明宫、兴庆宫、大小雁塔、东市、西市，使城市面积达84平方千米。其中，大明宫把盛唐气象与中国工匠的建筑水平展示得淋漓尽致，从贞观八年开工，历时30年落成。所修王宫，相当于北京紫禁城（故宫），但从气势和规模上看，紫禁城远不能望其项背。大明宫周长达7628米，面积是紫禁城的6倍，高大巍峨的城门有11个，俨然是一座城中之城。其中含元殿长735米，宽588米，其26根檐柱，每根直径2.4尺（约0.8米），高2.8丈（约9米），庞然大物，巍然耸立，其面积是紫禁城中太极、中和、保和三殿面积总和，巍然屹立在西安城北龙首原南沿之上，殿基高出地面40余尺（约13.2米），这是唐王朝百官集会议事之处，可同时供万人集会。为方便朝臣上殿，在殿前修筑两条斜坡阶道，各长70余米，宛如卧虎垂尾，使得含元殿益发雄伟。每当朝会或庆典时，百官与各国使节沿台阶逶迤而上，肃立含元殿前，远处的终南山（秦岭）青翠欲滴，白云飘拂；以朱雀大街为中轴线的长安城尽收眼底，远道而来的各国使节无不为这座屹立在东方大地上的宏伟建筑震撼，大唐威仪真正四方辐射，万国来朝。当时中亚客商、留学生、日本遣唐使滞留长安城中多达3万余人。他们留恋长安城的开放风气和繁华昌盛，更希望学习到唐王朝的典籍制度，仅在唐王朝做官者就达数百人。普通百姓也在长安城中安居乐业。一条长10000米、宽155米的朱雀大街把长安城一分为二，全城有南北方向大街11条，东西方向大街14条，街道宽度都在几十米到上百米不等，这些整齐划一的街道把全城区划为108坊。"百千家似围棋盘，十二街如种菜畦。"这是白居易对唐长安城的描述。从发掘唐长安城遗迹的专家复原图纸

长安古道

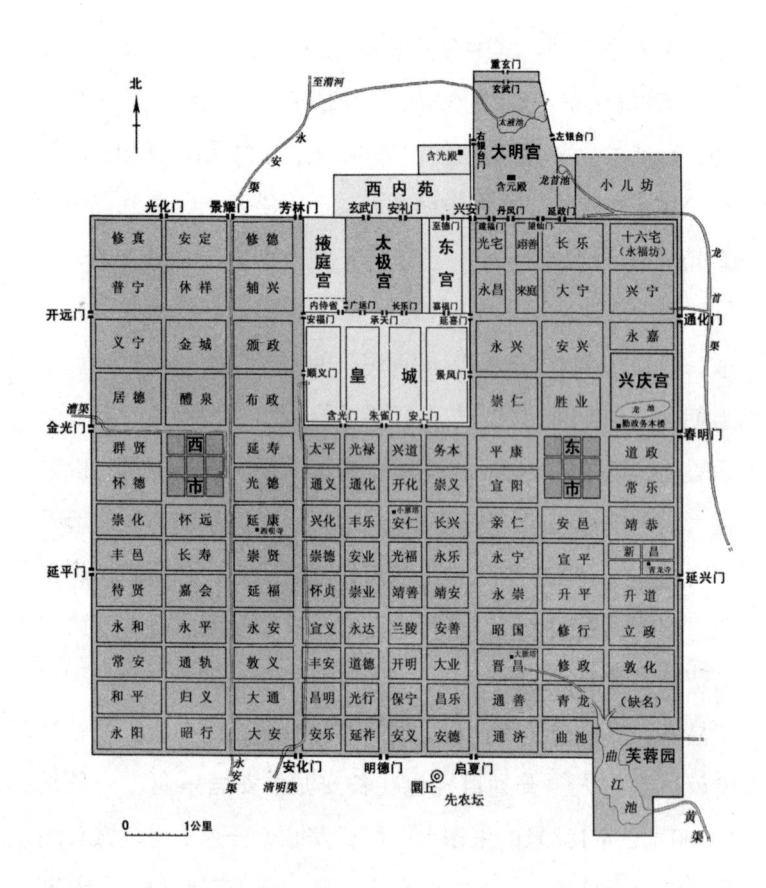

唐长安城平面图

看，诗人描写得十分真切。唐代注重绿化，街道三丈而树，栽种国槐，从贞观到开元，百年间树木长成环抱巨树，浓荫如伞，长安城中宫殿巍峨，绿树掩映，曲江环绕，鸟语花香："忆昔开元全盛日，小邑犹藏万家室。稻米流脂粟米白，公私仓廪俱丰实。""寻春与送寻，多绕曲江滨。""三月三日天气新，长安水边多丽人。"唐代诗人的描写让我们今天都为之振奋、为之神往。唐王朝也确实国力强大，市井繁荣，文化昌盛，尤其诗歌、绘画、书法、音乐、歌舞、雕塑内容丰富，风格多样，美轮美奂，绚烂夺目，达到经典性完美，让我们今天都为之骄傲、为之自豪。

汉唐长安城的繁荣绝非偶然，一个历史悠久的民族，历经夏、商、周的迁徙整合；春秋战国诸子学术争鸣；秦代统一文字，设置郡县，到汉唐时期，基础已经牢固。这两个王朝有着非常突出的共同点，对不同国家、不同民族、不同地域的文化兼容并包，有容乃大。秦虽统一，但很短暂，春秋战国形成的齐、楚、燕、韩、赵、魏、秦真正融合是在汉代，以本土的周秦文化为基础，广泛吸收荆楚文化、齐鲁文化、燕赵文化、吴越文化乃至北方少数民族的游牧文化，使得以长安为中心的汉文化更加广博宏富、深沉浑厚。唐代更

长安古道

是风气开放、广采博纳，中华大地上齐楚吴越、孔孟老庄各种文化思想汇聚长安，随着丝路畅通，"丝绸西去，佛教东传"，欧亚各国的宗教、文化也纷至沓来，被唐王朝以博大的胸襟兼容消化，使得唐代长安益发成为东方大地上一座璀璨夺目、魅力四射的超级名城。依据史籍与考古证实，今日西安城仅是唐长安城面积的七分之一，其时古罗马城人口不过10万，已堪称繁盛，而唐长安城建筑宏伟，人口超过百万，是当时世界第一流国际都会。矗立于唐乾陵外国使臣石雕便达60余尊，代表着60多个国家，不难想象唐时长安城是何等的开放和繁盛，丝绸之路的起点从长安开始，输出的不仅是丝绸、茶叶、纸张、陶器、竹器和漆器，还有汉唐时期东方的文化和文明。

长安作为多个王朝国都的首选，为版图完整、政令畅通、委派官吏、征收赋税、调集军队、沟通京都省府与边城远地，曾修筑四通八达的驰道驿路：有通中原三川的函谷古道；荆楚湖湘的武关古道；直逼塞北的秦直道；穿越秦巴大山的多条蜀道；横跨欧亚的丝绸之路和通往雪域高原的唐蕃古道。这些国道选线科学、布局合理、驿置完备、功能齐全，在国家政令颁布、军队调动、边陲安定、版图统一以及税赋交纳、商旅贸易、物资流通、人口迁徙、民族融合及东西方物质文化交流等诸多领域积淀着深厚久远的历史，内涵宏富的文化。本书讲述的便是长安古道所蕴含的史诗般壮举与极富传奇的往事。

长安古道

CHANG'AN GUDAO

周道垂后世

周道垂后世

八百里秦川西部南屏秦岭，北邻塬坡，渭水横贯其间，依山襟水，是古人类生息的理想环境。远古时期，姜、姬、嬴三氏族先后生息繁衍于此。不仅如此，"岐山之阳"的周原还诞生了最早在关中创建王朝的部族：周族。周族历史悠久，长期在渭水流域活动，以周原为根据地，不断东扩。《诗经》记载周人始祖善于耕稼，被尊为农神，称"后稷"，以"周"为邦国之名。周原既为周人的发祥地，周族先祖曾在渭水之北的二级阶地上营筑城郭、宫殿、宗庙、房屋，构成周人的早期都邑。后来，周虽然迁都丰、镐，但周原一带仍是西周宗祖的重要中心。周人在周原疆理田亩，招纳部众，开辟道路。《诗经·大雅·绵》记述了周人在原野披荆斩棘，开辟道路的情景："柞棫拔矣，行道兑矣。"不难想象，已经有过原始先民生存的渭水流域，在人们日常耕耘田亩、收获庄稼、去河谷汲水、到山林狩猎等生存活动中，注定会存在被自然踩踏出的道路。诚如鲁迅先生所说："地上原本没有路，走的人多了，便成了路。"周是在原始先民经历夏、商后崛起的部族，理应在修建道路、营造宫室、制造工具等方面展示更高水平，青铜器与礼乐制度便是周人留给后世灿烂的文化遗产。

从1943年石璋如先生在周原调查始，周原考古已有80多

长安古道

年历程，尤其在20世纪70年代后期出土了毛公鼎、大克鼎、墙盘等国宝级青铜器后备受关注，宝鸡被誉"青铜器之乡"。近年，随着庞大的周原遗址一次次深度发掘，不断给国人带来惊喜。西周时期的灰坑179座、墓葬6座、房址4座、陶窑1座、水渠1条均得到了清理。

其中，引人注目的是一条西周时期的古道，东西走向，残存路面宽达8米，路土最厚约30厘米，几乎相当于今天二级公路。经测算始建年代应为西周中早期，距今已有3000多年历史，路面上7条车辙清晰可见。西周马车轨距在2.2~2.4米之间，应为3组车辙，路面呈中间高两边低的鱼脊形态，明显为排水需要。《诗经·小雅·大东》里有"周道如砥，其直如矢"的描述，按照路面的宽度和走向，这应该就是周人东迁之路。

公元前11世纪初，周族力量日渐强盛，不断征伐相邻弱小的部族，还沿着渭河修通岐邑到丰邑的道路，把都邑从周原迁到今西安市长安区沣水西岸，建成丰镐城。西周时修建丰、镐二京时，已有"前朝后市，左祖右舍，街道则有九经九纬"的规定，把敬祖的宗祠、王宫、市场、道路统一规划，相当完备考究。既有城堡，又有街市，筑城卫君，造廓守民。此为长安建都之始，也是最早诞生于中华大地上的城市。从秦川西部迁徙到关中腹地中心，是整个王族宫廷与政治中心的搬迁，两地相距近200千米，仅是笨重的青铜器就搬迁不易，非马拉车载不可为之，道路也会修得宽阔平整。可以肯定地说，道路是沿着渭河北岸由西向东延伸，从前叙周族大墓发掘发现的古道遗迹可以得到印证。周人利用河水对道路方向、水平自然指引，顺渭河方向无大填大挖，取事半功倍之效，说明周人已掌握沿水修道的经验。岐邑到丰邑的道路修通之后，周王族便把都邑从周原迁到丰镐城，再以此为中心，向四方扩展，到达渭水与黄河交汇之处。在周族不断向东进逼，注定会造成与殷商王朝的矛盾。双方力量此消彼长，长期酝酿，最终导致了改变历史进程的牧野之战的爆发。

"武王伐纣"多种史料中都有记载，史载周武王姬发（？—前1043）即位，便积极备战，储蓄粮草，修整函谷关道路。武王九年在谋臣吕尚（即姜子牙）襄赞下，率军东征，会诸侯于黄河边的孟津，与众多方国首领共同盟誓讨伐殷商。此战发生时间，典籍记载，学人说法多达40余种，夏商周断代工程确定牧野之战发生在公元前1046年2月。《诗经》对这次商亡周兴之战有详细描述："牧野洋洋，檀车煌

长安古道

西秦大地

煌，驷騵彭彭。维师尚父，时维鹰扬。凉彼武王，肆伐大商，会朝清明。"周武联军战车云集，将士如林，更有巴人前歌后舞助阵，与殷商决战于牧野，马蹄叩击大地，战旗随风舞动，刀光剑影，呐喊震天。而殷商在武王大军兵临城下时，措手不及，张皇失措地把临时武装的奴隶、战俘，连同国都守军一起推向前线，虽号称70万大军，却一无战车，二无战马，单靠步兵，在牧野应战。

两军对阵，吕尚先率精兵挑战，以体格雄壮，训练精良的武士组成先锋，号称"三千虎贲"呐喊进攻，武王亲率主力跟进，战车、甲士、步兵连续冲杀，商军大乱，奴隶和战俘全无斗志，纷纷倒戈，一败涂地，周武王大获全胜，曾历十七世三十一王，前后约500年的商朝就此灭亡。牧野之战是中国历史上以少胜多，先发制人的著名战例，开创中国古代大规模车战；也是一场因改变历史进程，划时代的战役而彪炳史籍。此战终止了先秦三代第二个王朝商，开启了以礼乐闻名的西周王朝。

牧野之战提供两条关于古道信息。一是牧野在今河南新乡，武王伐纣，已用战车，说明3000年前从关中到中原已有可通车马的道路。据《考工记》记载，与西周古墓出土车辆复原乘车为四马驾驶，两轮之间宽度为7尺（约2.3米），加车轴两端伸出毂外的部分为8尺（约2.6米），考虑到两车相会交错，道路宽度应不少于两丈（约6.6米），甚至更宽。从丰镐到牧野四五百里之遥，道路修筑工程量巨大，可见当时道路修筑已积累了丰厚的技术与经验。二是《蜀纪》载："武王伐纣，蜀亦从行。"是指周武王联合当时居秦巴之南的蜀、巴两个方国共同伐纣。蜀巴皆在秦岭巴山之南，说明其

长安古道

祁山道的西狭河谷

时已有可供军队穿越秦巴大山的古道通往关中。至少已在自然发现与自然踩踏的原始小道上进行过修整，否则不可能行走携带给养负重的军队。

武王灭商后，控制了商朝原来的领地，周由地域方国一跃而成为统领华夏的王朝。如何控制新获得的大片领土？武王采用"分封亲戚、以蕃屏周"的政策，即把宗亲和功臣分封各地，建诸侯国。对各地分别统治，也对周王室起拱卫作用。武王把商纣之子武庚封于商都，借以控制商人；姜尚封于齐，即今山东一带；召公封于燕，即今河北一带。虽暂时控制住局面，但在周武王死后，情势又岌岌可危。"周公吐哺，天下归心"便生发于此时。周公姬旦系文王之子，武王之弟。因其封地在周，故称周公。文王在世，他就尊父爱兄，助武王伐纣，被封于鲁。周公没去封国而是留下来辅佐武王，武王去世又佐其子年幼的成王。这时周王朝主少生疑，面临商朝旧戚复辟，周公辅政，又违王位世袭制中父死子继原则，引起周室矛盾。商纣残余武庚与管叔、蔡叔等趁机与周室反叛势力勾结。关键时刻，周公领军亲征，平定三叔之乱，奠定东南。此次平叛，引发周公的深层思考，认为不管王族贵戚，还是百姓庶民都应讲求规矩，遵守礼义。为了

长安古道

国家能长治久安，周公胜利归来而制礼作乐，但凡年节岁时，上元、立春、中秋、除夕，上敬日月星辰，下敬历代祖宗，为后世留下烦琐的礼乐制度。再是广纳贤士，要求大臣举荐贤能之人。相传周公洗头时回握尚未梳理的头发；吃饭时亦数次吐口中之食，去接待贤士。此即成语"握发吐哺"的由来。周公摄政七年后，成王成人，周公归政于成王，终得天下大治，他亦成为后世贤良典范。日后曹操专作《短歌行》以颂周公，歌云："山不厌高，海不厌深。周公吐哺，天下归心。"

成王和康王时期，周朝任用贤臣，政治清明，始终贯彻"赈济贫困、授田于民、明德慎罚"政策，农村人口增加，农耕技术、谷物生产都有很大发展，人民生活改善、四方外族来朝、政局稳定、人民和睦，有"成康之治"的美誉。

西周应是夏、商、周三代最强盛、疆域最广的，也是京城与诸侯方国之间联系道路修筑最发达的王朝。其中，有多条道路因征战而修筑，如周成王时周公东征商纣残余；周穆王时进攻盘踞岐山一带的犬戎；周孝王时攻伐西戎；周宣王时北伐猃狁、西戎；周幽王征伐褒国等战役，都是先修筑可供战车、军队行进的道路，之后才能进行攻伐，这都表明西周以丰镐为中心，已有通往东西南北的交通干道。

西周疆域辽阔，各地诸侯需定期对周王室贡献地方物产，这就产生各诸侯通往丰镐的贡路。诸侯分封东临大海，南至巴蜀，西临西域，有周穆王去新疆天池会西王母的传说，虽系神话，也不乏史前先民踪迹。北至塞外蒙古高原，道路四通八达，经常得到维修。尤其关中为八百里秦川，广阔平整，便于西周推行井田制，也便于开辟井田间道路，既有容车马行走的干道，也有能通行一辆车的支路，纵横交织，便于镐京和各城邑间的交往。司马迁曾在《史记》中写到西周："关中之地，于天下三分之一，而人众不过什三，然量其富，则什居其六。"又说关中"南山（秦岭）有竹木之饶，北地有畜产之利"，关中平原更是"男有余粟，女有余帛"。但每个劳动者不可能生产出全部生活用品，"以所多，易所鲜"，几乎是所有国家与民族必须经历的"以物易物"阶段。农业及手工业之间的商品交换，道路起到重要的作用，北方的畜产与南山的竹木都需用车辆运输，道路的畅通促进了西周的繁荣。周原出土著名的散氏盘有"封于刍道，封于原道，封于周道，封于眉道"等记载，表明西周是以通往各封地命名道路，可以说是今日命名之先声，如"京广线"指的是北京到广州的道路。同时道路

长安古道

也起着分封土地界限的作用；所有修建的道路，起始均联结着大小城邑，这个建道原则垂范至今。

西周的道路已有相应配套设施并逐渐完备。可以想象，限于乘车或骑马日行不足百里速度，出行的使臣和官员需要几天甚至半月才能抵达，这就需要有休息和食宿的地方。此外旷野中的道路在遭遇暴雨山洪冲刷，经年累月踩踏难免破损垮塌，也需维修管理。西周天子与各地封国诸侯联系方式，是派遣专差、专使传递信息。视事情大小决定委派使臣级别的高低，和今天外交多有相似。官使外出，都是乘坐四马拉拽的官车，即出公差，官使和马匹在途中就会出现歇息、饮食、住宿的各种问题。

针对这些问题，西周王朝设置专门机构，即"六官"，是指天官、地官、春官、夏官、秋官、冬官，分工管理城乡道路、桥梁的修筑、养护及对馆舍的管理。凡是主要道路，"十里有庐"，专门供守护维修道路的人员居住。沿途每隔十里、三十里、五十里有庐、路室、候馆，以供外出行使王命的官员有饮食、喂马及歇宿之处。"三十里置遽委马，有司职之。从诸侯欲通吏从行者，令一人为负一车；若宿者令人以养其马，食以委。"这些候馆设备齐全，有室可宿，有厅可食，还有浴室供洗浴。道路所经地方的官员，都有兼管驿传、道路之责，还"列树以表道"，西周非常重视栽植行道树。西周时期的行道树，以甘棠、杨柳、臭椿为主。《古今图书集成·车舆部》说，"横木为轩，直木为辕，以尊太上"即在农闲时组织人力在道路两边栽树，以便荫及行人，同时也可伐成材之树造车，以便供王室之用，也开创了后世植行道树的先例。西周的道路管理制度是夏、商时期所未有的，这在中国古代道路交通史上是划时代的创举，在世界道路史中也是最早的制度，因而被认为是世界道路史中最早、最完善的路政管理制度。

不过，限于当时建材发展水平，尚无水泥、柏油等建材出现，但注定会从临近道路的渭水河畔取用渗水易干的沙石来铺路面，天气晴朗时可保持干燥和平坦；但若逢连阴雨天，道路则会受损倾仄不平乃至泥泞难行，车辆受阻，影响政令下达，关乎国计民生。所以对道路的修治在西周时就成了常态，大多是利用秋冬农闲季节调集农人修治道路。《国语·周语》所说："九月除道，十月成梁。"除道是指对道路进行维修，成梁则是指必须跨越的河沟上的桥梁。可见当时在没有如今专门的路桥工程公司的情况下是全民参与修筑道路的。

长安古道

周朝是中国历史上持续时间最长的一个朝代,自西周开始由国家控制按照统一规划修建了城乡道路,形成了以镐京为中心通向诸侯封邑及卿大夫食邑的城乡道路网。同时,西周把道路分为经、纬、环、野,并与田亩面积、水渠长短、城邑大小、物流多少统一规划,整齐而富于变化,统一中透出威仪,充分显示出礼仪之邦的高度文明,为汉唐等多个王朝建都长安作了奠基式的准备,并垂范后世。

汉唐时期,随着中央集权制和统一帝国的建立,长安就成为全国交通的中心,驰道、驿道及穿越秦巴大山的五尺道四通八达,西周时期的道路体系扩大为全国的道路系统。其路政、驿传管理也进一步完善和充实,但这一切都是在西周道路的基础上发展起来的。

西周最有作为,开创过孔子毕生都赞叹仰慕的"成康之治"几位帝王:周文王、周武王、周成王、周康王并称"文武成康",他们都葬于咸阳市的周陵原。多年前,我曾前往探视,陵均不大,经历岁月风雨,显得荒芜低矮。但也许原本如此,上古时期,崇尚简约,尧舜去世皆不树不封。周代刚由渔猎时代过渡到农耕社会,人们崇尚自由欢乐,这从周时产生的最富人性和感情的《诗经》中可以读出,也为接下来春秋时代,百家争鸣的自由学术氛围打下基础。无怪孔子一生都怀念周代,要"克己复礼"。所以,西周为后世遗留的不仅有修建道路的经验,路政、驿传的管理,有青铜器,还有礼乐制度等灿烂的文化遗产。

长安古道

CHANG'AN GUDAO

函谷问中原

函谷问中原

周秦故土乃至汉唐帝国国都长安位于中国西部，自古问鼎中原就是诸多帝王崛起后的战略目标，所以通向中原的函谷古道是周、秦、汉、唐帝国都刻意经营的战略要道。西周武王伐纣，周公东征，秦灭六国，汉败项羽，唐攻洛阳、击瓦岗、平息安史之乱……无不利用的是函谷古道。

函谷古道是指周秦、汉唐、明清乃至民国以来，由长安东出关中的一条交通要道，由于汉、唐都曾在洛阳建都，两都之间，从长安到洛阳的函谷古道全长约200千米，成为连接两京之间的交通命脉。函谷古道的起点自然是周、秦、汉、唐的先后国都丰镐、咸阳和长安，伴着渭水，一路东行，经临潼、华县、桃林塞、函谷关，再经陕县（今三门峡市陕州区）、渑池、洛阳。古道过潼关出陕西又延伸出三支：一支经风陵渡过黄河，进入山西境内，再入华北平原；一支沿开封、定陶、临淄，至琅邪郡；一支由开封东南行，可至徐州、下邳、扬州，直至黄淮、江淮下游地区。可以说它是关中连接中原与整个东部地区的交通命脉。

函谷古道亦称崤函古道，是因为道路所经崤山，系秦岭山脉东段支脉，又恰逢黄河由北向南，到今晋陕交界的风陵渡口，再滚滚东流。此地系黄河、黄土高原丘陵与秦岭衔接地

029

长安古道

段，黄河顿成古道之北的天然屏障。南有秦岭横呈高耸，北遇中条山脉延绵，受山川格局限制，黄河改由北朝南流向在此拐弯，在两山之间滔滔东去。巨流与崇山交会，黄河与秦岭之间形成的台地，便是积淀深厚的黄土高原，亿万斯年的雨水冲蚀，形成了一道道陡深的鸿沟，根本无法利用。只有黄河南岸的一级台地，地势平缓，狭窄修长，成为可以利用的交通孔道。由于两岸山峰壁立，在两山之间修筑的道路，其状若"函"，这也成为函谷古道或崤函古道得名成因。冷兵器时代，在最险要之处筑关设隘，重兵把守，便成"一夫当关，万夫莫开"的天然要塞。先秦时曾在今灵宝境内设函谷关，西周"武王伐纣，蜀亦从行"便是汇聚包括秦岭之南巴人与蜀人部落，从函谷道来到河南境内黄河边的孟津，与各路诸侯会合盟誓，与纣决战。从设立专门管理函谷关塞的职官表明，其时关隘设于函谷，故称函谷道。另外，从研究《道德经》的史料看，春秋时代的哲学家老子便是从函谷入关，写出皇皇巨著《道德经》，成为我国古代集大成的思想家。

不难看出，此条古道西起关中平原，东为河洛平原，北连晋南平原。炎黄陵地、周秦故土、殷墟遗址都集中于此，是中华文明发源的核心地区，从史前新石器文化中期到宋代之间的4000多年间，都是中国政治、文化和经济中心。因此，

函谷问中原

潼关　　　　　　　　　　　　　张佐周摄于1936年

函谷关　　　　　　　　　　　　张佐周摄于1936年

长安古道

豫、秦、晋三个文明核心区之间与长安、洛阳两京之间的沟通，函谷古道为必经且唯一孔道。两京锁钥，险关要塞，是一条名副其实的京畿大道，其重要性为众多古道之冠。

函谷也如众多古道，在漫长历史岁月中，在沟通东西的大方位前提下，此塞彼通，成网状发展。比如东汉末年，曹操为了西征方便，觉得原南道险而又远，另从新安顺谷水到达洛阳。这条道开通后又叫"曹魏古道"。再是除陆路之外，还有黄河漕运古道，西起三门峡谷，东出渑池与新安县交界外的八里胡同，其间两岸的崖壁上，凿有很多栈道孔与石碥道遗迹，岸边开阔处有粮食仓储遗址，显然为转运之用。这条水路疏通于秦代，汉唐时期随着京师人口增多，粮食用量激增而达到运输高峰，是对函谷古道功能不足时的有力补充。

函谷古道在陕西境内何时设潼关无明确记载，但应不晚于东汉，因《三国志》中记载，曹操在与马超西凉军对峙时多次提到潼关。潼关雄踞秦、晋、豫三省交界，黄河与秦岭衔接地段，是名副其实的"公鸡一鸣闻三省"的要塞。

潼关的北面是渭水汇入黄河之处，南面则有巍巍高耸的秦岭，山峰相连，谷深崖绝；中通古道，险扼峻极。《水经注》里描述其"车不并辕，马不并列"；唐太宗李世民诗称"崤函称地险，襟带壮两京"；唐时诗圣杜甫也在《潼关吏》中描绘："丈人视要处，窄狭容单车。艰难奋长戟，万古用一夫。"从这些文字资料中，不难看出潼关的峻险和雄奇。而潼关以西为八百里秦川，东出潼关则可进入山西、河南乃至江淮，东临至海，所以函谷古道也称潼关古道。

潼关对拱卫关中平原与汉唐京师长安有着无与伦比的重要屏障作用，在历史长河中，有两桩史实可援引。一是唐天宝十四年（755）二月，蓄谋已久的边将安禄山、史思明以诛杨国忠为名，率大军西进反唐。唐王朝部署应战，匆忙之间，不敌叛军，连打败仗，洛阳、陕郡先后失守，拱卫京师的要塞唯剩潼关。一时间，双方都势在必争，大唐安危系于一关，朝野君臣、天下百姓无不关注。此时，唐王朝以名将哥舒翰统兵20万扼守潼关。哥舒翰系胡人将领，曾是唐朝大将王忠嗣部下，作战英勇，屡建战功，升陇右节度使，攻拔吐蕃要塞石头城，威震一时，使吐蕃不敢轻犯青海。曾有一首民谣流传：

北斗七星高，哥舒夜带刀。
至今窥牧马，不敢过临洮。

"安史之乱"发生时，哥舒翰正因病在长安留养。唐玄

长安古道

宗在洛阳失守的震怒中斩杀名将高仙芝。此时，郭子仪正在朔方带兵，大唐一时竟无将可用。玄宗只得命哥舒翰抱病统兵出征，欲借其威名振奋军心。哥舒翰久历沙场，经验丰富，分析敌我情势，认为京师安危系于潼关，只可利用其险关要隘，坚守不出。其实，之前洛阳虽失，潼关仍在，高仙芝便力主坚守潼关，叛军虽一路逞强，但"安禄山为逆，不得人心，宜持重相待，不出数月，贼势瓦解，一鼓可擒"。只要拖住叛军，使其不能进入潼关，便可为唐王朝调动兵马赢得时间。按说这是一个符合实际又操作可行的不二良策，但高仙芝却被唐玄宗杀掉，不仅涨叛军威风，也寒将士之心。

如今，哥舒翰仍主张坚守潼关，但唐玄宗却偏听信杨国忠谗言，认为哥舒翰畏敌不进，坐失战机，竟一日连续派遣三使，催促哥舒翰出关迎敌。哥舒翰惧违抗君命之罪，无奈中领兵东出潼关迎战，结果在隘道峡谷误中埋伏，被有备而来的叛军打得大败，原本拼凑的20万士兵溃不成军，哥舒翰被俘遭杀，潼关丢失，长安再无险可依。唐玄宗仓皇出逃，至马嵬驿为平息将士激愤，诛杀杨国忠，处死杨贵妃，留下一段千古教训，一曲长恨悲歌。而叛军进入潼关后，便是无险可据的八百里秦川，轻而易举攻进长安，繁华鼎盛的长安顿失颜色，叛军烧杀劫掠，仅是唐王室宗室男女就有80余人死于非命，更不用说寻常百姓所遭涂炭。就因唐玄宗听信谗言，使用昏招，导致潼关失守，一关之失便毁掉大唐盛世。

另外一个与潼关相关的史实发生在抗日战争时期。1932年，第一次淞沪抗战爆发，著名军事家蒋百里（科学家钱学森之岳父）提醒蒋介石：中日必有一战，要警觉日寇模仿800年前蒙古铁骑灭南宋的路线，即出山西打过潼关，翻越秦岭，占领汉中再攻四川与湖北，彼计若成，亡国无疑。必须采取抗战军力"深藏腹地"，建立以陕西、四川、贵州三省为核心，甘肃、云南、新疆为根据地，拖住日寇，打持久战，等候英美参战，共同对敌，方能最后胜利。其实这也是当时国内一批军事家、政治家的共识。有"小诸葛"之誉的白崇禧便提出"以空间换时间，积小胜为大胜"。事实证明，蒋介石采纳了这一战略性的建议。一方面，1933年9月，即派财政部长宋子文携全国经委会公路处长赵祖康、国联公路专家奥京斯基专程来西北，拟定兴筑西（安）兰（州）、西（安）汉（中）两条公路，为抗战军力"深藏腹地"做好预案准备。

另一方面，这个战略计划能否实现坚守潼关成为关键。事实是1937年"七七抗战"爆发前，西（安）兰（州）、

长安古道

函谷临黄河古渡

西（安）汉（中）两条公路都已竣工，正是由于西汉公路的筑通，充分发挥了支撑抗战的作用，由苏联支持的军火从新疆、兰州转运而来储存褒谷口外的山洞，形成相当规模的军火库，供应几个战区；故宫的七千箱文物在汉中存放8个月之久运往四川，再是华北、西北各大中学校组建的西北联大云集汉中，使汉中成为与重庆、昆明齐名的抗战三大文化区；还有陈纳德将军率领的"飞虎队"一度也以汉中为基地，多次对日作战……

而"七七事变"后，日军攻占华北，进入山西，虽在平型关、忻口、娘子关遭到中国军队重创，但因日军拥有飞机、坦克、重炮等现代武器优势，依旧导致了1937年11月太原失守，到1938年初，黄河北岸的晋南临汾、运城、永济相继被敌占领，日军牛岛、川岸师团兵锋直指黄河风陵渡口与潼关。一时间，日寇凶焰能否挫败？潼关能否坚守？遂为全国注目！

其时，奉命守卫中条山与风陵古渡的是三十八军，这支部队原系杨虎城将军领导的西北军，"自古秦兵耐苦战"将士多为农家子弟、爱国青年，故英勇善战，"西安事变"中敢与装备精良的中央军较量。事变和平解决后，杨虎城将军虽被逼出国，所遗职务由爱国将领孙蔚如接任，他与师团长中的赵寿山、李兴中、孔从州、李振西等坚决主张抗战。"七七事变"发生当天，时在庐山受训的赵寿山就向蒋介石呈交请缨抗战书，获得批准。7月12日便返回十七师驻地三原，21日举行出征誓师大会，军长孙蔚如亲临现场动员，勉励官兵奋勇杀敌，在山西战场娘子关争夺战中，不畏强敌，誓死不退，使日军胆寒，也让参战友军对陕军刮目相看。

其中，特别值得大书一笔的是教导团，此团原为西安绥署教导团，是杨虎城将军培训军事干部的机构，官兵都有初中或者高小学历。这在当时就很了不得，有文化能很快掌握枪械原理、军事操典，也具爱国热情。同时，教导团官兵达3000余人，装备精良，战斗力超过一个旅。教导团团长李振西更是西北军一员虎将，李振西出生甘肃定西武术世家，从小习武，很有名气，经邓宝珊将军举荐，进黄埔军校四期学习，智勇双全，深得杨虎城信赖，委教导团团长重任，全程参加西安事变。杨虎城将军出国后，西安绥署撤销，教导团编入三十八军。在赵寿山十七誓师出征时，又接蒋介石亲自签名电报，指名要教导团这支陕军劲旅开赴山西战场。据中国文史出版社所出《原国民党将领抗日战争亲历记：晋绥抗战》一书收李振西所写《旧关争夺战》中记述，在忻口会战的关键时刻，日军川岸师团迂回井陉，切断铁路，逼近娘子关，将第一军团军团长孙连仲、第十四军团军团长冯钦哉两位将军军团部围困在娘子关车站，此处只有两个警卫营，无法将日军击退，需要紧急救援，但各处都与日军胶着，无兵可派，形势极为危险。恰在此时，李振西带领的教导团赶来，听到第二战区副司令长官黄绍竑与阎锡山通话，主动请缨，连夜急行军百里，先头第一营赶到上椒园时，发现几百名日军骑兵正在做饭，连哨兵都没有放。第一营荷枪实弹，突然开火，一下子冲到面前，打得敌人措手不及，死伤多人，其余狼狈逃进关沟。但敌七十七联队与七十九联队却占据着有利山头，居高临下，还有飞机、大炮助战，危局仍未解除。当晚在军情商谈中，孙连仲认为敌人占住关前山头，无疑准备卷土重来，今晚若不把敌人撵走，明天敌人就会把我们撵走。与其等死，不如干脆连夜拼杀，或许是条上策。大家都赞同夜战，军团长冯钦哉掏出日记本撕下一页，亲笔写了："教导团夺回一个山头，赏洋五千元。总指挥冯钦哉。"

其实，此举对教导团勇士讲纯属多余，官兵杀敌心切，在夜色掩护下，兵分三路，一路向日军躲藏的山沟进击，两路分别进攻日军占据的山头，教导团的"陕西冷娃"猛冲猛打，很快拿下旧关迎面的两个重要山头。接着，乘胜拼杀，但清醒过来的敌军也不含糊，仗着优势炮火，拿出武士道精神拼死抵抗，恰应古语：狭路相逢勇者胜。激战一夜，黎明时分，教导团的勇士打下了屏障旧关的所有山头。打死敌人三四百名，炸毁战车四辆，夺火炮两门、三八式机枪步枪200余支。但日军困兽犹斗，也极端凶残，死不投降，教导团伤亡官兵300多人。李振西也中枪弹负伤，仍让卫兵背上山头指挥，直到完成任务。第二战区副司令长官黄绍竑与孙连仲、冯钦哉两位将军接到捷报才松了一口气。孙连仲笑着对冯钦

长安古道

哉说:"钦哉兄,这下你得掏腰包了!"冯钦哉说:"我的命令是夺回一个山头,算五千元,他们夺回的是八个,怎么赏!"八个山头要赏四万元,当时可是笔大钱,冯钦哉心疼赖账,最后还是黄绍竑拿出来三千元奖励教导团。时在娘子关的《大公报》战地记者陆诒所写《旧关之战》,宋之的所写《旧关之战》剧本,都写上了这一幕。消息传开,在举国抗战中,无疑是大战中产生的小幽默,让国人在紧张中松了口气。在延安窑洞里的毛泽东主席看到报纸,称赞说"李振西是英雄"。

像李振西这样的好汉在号称"陕西冷娃"的三十八军中并非少数,孙蔚如、赵寿山、李兴中、孔从州……都是战火中打出的英雄,名震一时的抗日名将。当年,三万关中子弟兵在西安誓师东征,三秦父老箪食壶浆,沿街相送,其情其景,感天动地。陕军兵出潼关,渡过黄河,坚守中条山与风陵渡,在长达八年的时间中,背靠滔滔黄河,坚守巍然中条,秦晋军民同心,用血肉之躯筑就钢铁长城,血战永济,智守韩阳,火烧陌南,血祭黄河,打垮日军上有飞机轰炸,携重炮坦克,气势汹汹的十次以上的进犯,两万多勇士血洒疆场,秦川儿女前赴后继,确保了天险不失,潼关无虞,三秦父老免遭日寇涂炭，谱写出一曲气壮山河的英雄史诗，也为古老的潼关书写下光彩夺目的一笔。

长安古道

CHANG'AN GUDAO

武关通楚天

武关通楚天

商於古道，即武关道示意图

商於古道600里
水旱两路17驿

一

春秋时代，从秦地通向东南方向楚国的道路是武关道。此道的起点最早是秦都咸阳，之后则为长安。古语：无水不成道。武关道是利用长安以东从秦岭北坡流出的灞水河谷和秦岭之南的丹江河谷开辟出的道路。灞水是渭河乃至黄河的支流；丹水是汉水乃至长江的支流；所以此道不仅连接黄河、长江两大流域，也是关中平原通往江汉、湖湘等古代楚国地区的重要道路。武关道具体由长安东门出，沿灞河西岸

长安古道

南行，经蓝田县城，过灞河至坡底村，上七盘岭，越六郎关，过蓝桥镇，经牧护关翻越秦岭分水岭，再顺丹江脉流七盘河下至黑龙口，顺丹江河谷而下，经麻街抵商州，经丹凤县，过桃花铺、铁峪铺到达武关，再沿丹江北侧，经荆紫关，东行到达南阳郡治宛城（今南阳市），由宛城折南行，可至江陵，再顺长江而下，达于吴越；若渡江南下，则可至岭南诸郡。所以，武关道所连接的水、陆线路不仅通楚地湖湘，亦可贯通东南各地，几乎是中国半壁江山。

武关道的诞生可追溯商代末年，原生活于楚丘（河南滑县一带）的楚氏族为避商王朝征伐，不断顺丹江河谷向西迁徙，来到关中平原的灞水河谷（今西安市东南）。楚氏部落首领鬻熊定居后发展壮大，率领族人中青壮男丁参加了周武王灭商战役，因战功受封为"楚子"，在今陕西商洛一带楚山、楚水间立国。据考证，楚的立国君主鬻熊投归周文王后,曾任"文王之师"。岐山周原出土的商、周时期甲骨文中，明晰记载"楚子来告"。众多史、志记载商县、丹凤一带为"楚山""楚水"，因此地位于丹水之北，也称"丹阳"。周成王时，周公旦遭诽谤，奔楚避难，即到商洛避难。之后，鬻熊后人又沿丹水迁徙至河南淅川一带，都城仍袭旧称名"丹阳"。

由于西周王朝晚期腐败，无力控制诸侯，楚国乘机兴起。公元前689年，楚武王之子文王壮大立国，迁都于郢（今湖北江陵）。这时，秦人也在关中崛起，经商鞅变法，奖励耕战，励精图治，日趋强盛，不断东扩，与占据东南的楚国或起争端，或盟誓起约，连接秦楚的武关道也不断得到开凿治理，成为一条通衢大道。

二

据《史记·苏秦列传》记载可知，公元前506年，吴王阖闾联合唐、蔡两国，越大别山和汉水，攻破楚郢都。楚国大夫申包胥到秦国求救兵，秦哀公派子蒲、子虎率兵车五百辆救楚。其时救楚有两道可行，一为"武王伐纣，蜀亦从行"，即郭荣章、陶喻之、王景元等学者主张的褒斜道，越秦岭后再沿汉水东下救楚。但此道迂绕，且兵车需走陆路，故这次出兵便只能是走武关道救楚。秦楚之间曾多次发生战争，双方进军路线也是武关道。

比如秦楚之间较大的战役鄢郢之战，楚国损失数十万军民，别都鄢城和国都郢城失陷，位于夷陵的楚国先王陵墓被

长安古道

西安灞桥　　　　　　　　　　　张佐周摄于1936年

烧毁，楚国竟陵以北以西广大地区尽归秦国。《史记秦本纪》载，公元前312年，秦惠文王"攻楚汉中，取地六百里，置汉中郡"，汉中自此在历史上屡被提及，尤其是秦末动乱中，刘邦被封"汉王"在此休养生息，为建立西汉奠定坚实基础，汉中也由此被称为"汉家发祥地，中华聚宝盆"。

战国时期为大争之世，战火延绵，连年不断，世事造就英雄，各国名将辈出：秦国的白起、王翦，赵国的李牧、廉颇，楚国的项燕等都曾建不世之功。《史记·白起王翦列传》中通过灭楚主将王翦传记详细描述了秦楚之战的过程与结局。

  始皇问李信："吾欲攻取荆，於将军度用几何人而足？"李信曰："不过用二十万人。"始皇问王翦，王翦曰："非六十万人不可。"始皇曰："王将军老矣，何怯也！李将军果势壮勇，其言是也。"遂使李信及蒙恬将二十万南伐荆。王翦言不用，因谢病，归老於频阳。李信攻平与，蒙恬攻寝，大破荆军。信又攻鄢郢，破之，于是引兵而西，与蒙恬会城父。荆人因随之，三日三夜不顿舍，大破李信军，入两壁，杀七都尉，秦军走。

  始皇闻之，大怒，自驰如频阳，见谢王翦曰："寡人以不用将军计，李信果辱秦军。今闻荆兵日进而西，将军虽病，独忍弃寡人乎！"王翦谢曰："老臣罢病悖乱，唯大王更择贤将。"始皇谢曰："已矣，将军勿复言！"王翦曰："大王必不得已用臣，非六十万人不可。"始皇曰："为听将军计耳。"于是王翦将兵六十万人，始皇自送至灞上。

  王翦果代李信击荆。荆闻王翦益军而来，乃悉国中兵以拒秦。王翦至，坚壁而守之，不肯战。荆兵数出挑战，终不出。王翦日休士洗沐，而善饮食抚循之，亲与士卒同食。久之，王翦使人问："军中戏乎？"对曰："方投石超距。"于是王翦曰："士卒可用矣。"荆数挑战而秦不出，乃引而东。翦因举兵追之，令壮士击，大破荆军。至蕲南，杀其将军项燕，荆兵遂败走。秦因乘胜略定荆地城邑。王翦、蒙武虏楚王负刍，以其地置楚郡。

这段话的意思是秦始皇进攻楚国，问李信："需多少人马？"李信说："只需要二十万人。"始皇又问王翦，王翦却说："非六十万人不可。"秦始皇认为王翦胆怯，就派李信与蒙恬带二十万秦军沿武关道进攻楚国，楚派大将项燕率军迎战，秦军把兵力集中于颍川，连续攻下平兴、寝城。但项燕看到秦军孤军深入，供应不足，抓住战机反攻，结果大败秦军，秦主将李信败逃，打破秦军不可战胜的神话。

吸取了失败的教训，秦始皇这才明白王翦之说正确，他按王翦要求派出六十万大军再次攻楚，并亲自送出征的王翦大军至灞上。楚国见强秦来攻也精心备战，倾全国之力应战。两军相遇后，王翦知楚为大国，国力雄厚，不可轻敌。于是采取屯兵练武，坚壁不战，以逸待劳的战略。楚军多次挑战，秦军亦不与交战，凭借经武关道源源不断送来的粮草坚守。而楚国大军天长日久却供应不及，眼见取胜无望，项燕只好带兵东归，王翦抓住楚军撤退之时，命秦军出击，大败楚军，一直追赶到楚国都城寿春，一举攻破楚都，俘虏楚王负刍，楚国灭亡。秦军灭楚之战，是春秋战国先败后胜，以疲制敌，以智获胜的典型战例。从这一系列事件可以看出武关道在历史上的重要作用。

三

秦始皇统一六国后，先后五次出巡被他征服的六国，其中两次走武关道。一次是二十八年（前219）第二次沿函谷道出巡东方和南方，返回时走武关道。秦始皇三十六年（前211）最后一次由武关道出巡东南方。秦始皇出巡队伍不仅随从官员和护卫军士众多，且讲求排场，车马仪仗，龙旗冠盖，延绵不绝，只有通畅的驿道和充足的供给才能保障出行，两次走武关道，注定道路规范，驿馆齐备，编员充足，说明武关道在秦统一后得到很好的修整。

武关道因设武关得名。那么武关设于何处？历来有众多说法。多数学者认为武关就是今陕西商洛境内丹凤、商南两县交界处的武关，此处尚有遗址，在国道遂洞口标着武关，并有文物保护标识。但《中国历史地图集》第二册秦《关中诸郡图》

049

长安古道

却标武关在陕西商南县南境的丹江北岸。另外,《七国地理考》记载:"今由河南之南阳,湖广之襄郧入长安者,必经武关。自武关至长安四百九十里,多行山中,行至蓝田,始出险就平地。盖自古为险矣。"西安市至丹凤县武关遗址为455里,不足490里,也可推定秦武关在今商南县境。此类事在古代关隘设置中常有,比如山西娘子关就有新旧两处,都称娘子关。

秦末汉初,项羽和刘邦分别领兵进击秦都咸阳,楚怀王约定:"先入咸阳者为王。"其时,项羽武功盖世,兵势强大。而刘邦相对弱小,无法面对秦军主力,于是乘项羽领兵在中原宛洛、荥阳与秦军苦战时,绕行至丹水,破武关,战蓝田,兵烽直至秦都咸阳,秦王子婴领文武大臣投降,大秦帝国由此灭亡。刘邦先入咸阳的最大原因是项羽进兵东方函谷道,势必与秦军主力征战,而刘邦从东南选择了武关道进军,避强就弱,最终获得成功。

武关道在唐代时获得长足发展,这与唐代综合国力强盛紧密相关。唐代武关道又称商山路,文献记载其走向及途径与秦汉时相同。

唐时对全国水陆驿站进行大规模的修葺与扩建,规范制度，增设驿馆，仅是陆驿全国便有1639个。武关道是从长安辐射到东南的干道，在唐宪宗元和年间及宣宗大中年间，都先后修治过武关道。

武关道在穿越秦岭分水岭后沿丹水行走，每临夏秋，暴雨多发，突涨的洪水常冲毁道路，需连年修整。唐德宗贞元七年（791），时任商州刺史李西华在修整加宽旧道的同时，又别开偏路以避洪水。这条偏路"自武关西北行五十里至桃花铺，又八十里至白杨店子，又八十里至麻涧，又百里至新店子，又百里至蓝田县，皆行山中，即所谓偏路也。至蓝田县始出险就平"，全程共410里（约205千米），仍沿秦汉武关道旧线。这次工程征发工役10余万人"修桥道，起官舍"，由蓝田至内乡共700余里（约350千米），开偏路后"人不留滞，行者为便"。（见《嘉庆重修一统志》）

唐代的武关道经大规模修整后，安全通畅，驿馆完备，行人商旅无忧。许多驿馆或系关塞名地，或联典故名胜，比如蓝田驿、仙娥驿、四皓驿、棣花驿、层峰驿、阳城驿等。加之秦岭风景秀丽，南北风情不同，常给行旅路人带来不同感受。时有商州"邮传之盛，甲于它州"的说法。唐代诗人曾留下大量与武关道相关诗作，现存的就有200余首。白居易在《登商

长安古道

褒斜（南北）栈道图

山最高顶》一诗中描写："高高此山顶，四望唯烟云。下有一条路，通达楚与秦。或名诱其心，或利牵其身。乘者及负者，来去何云云。"僧侣诗人贾岛则描述："一山未了一山迎，百里都无半里平。"诗人温庭筠的《商山早行》的诗："晨起动征铎，客行悲故乡。槲叶落山路，枳花明驿墙。因思杜陵梦，凫雁满回塘。"其中"鸡声茅店月，人迹板桥霜"成为广为传颂的名句，也把武关驿路沿途的板屋、小桥、行客、鸡鸣等为我们描绘出一幅有声有色的商山行旅画卷。此外，一些失意官员如韩愈、颜真卿、杨志诚、顾师邕、王勃等，被贬去潮州、荆襄、岭南等地，亦均走武关道。韩愈就是此时留下名诗

武关通楚天

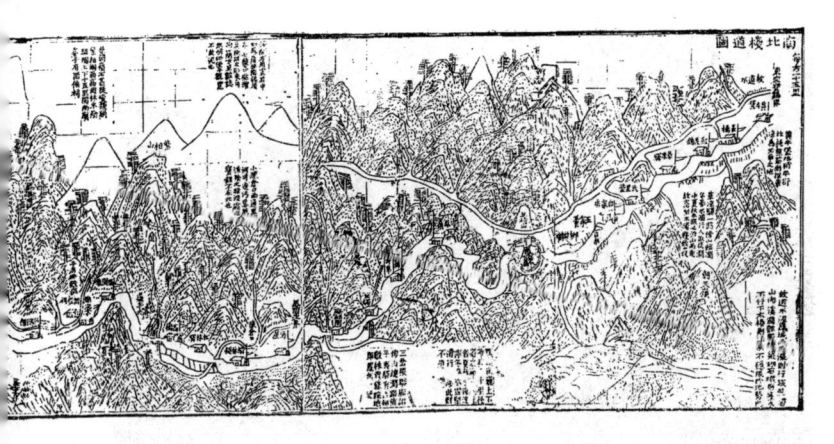

选自清·嘉庆十八年(1813) 《重刻汉中府志》

《左迁至蓝关示侄孙湘》：

> 一封朝奏九重天，夕贬潮州路八千。
> 欲为圣朝除弊事，肯将衰朽惜残年。
> 云横秦岭家何在？雪拥蓝关马不前。
> 知汝远来应有意，好收吾骨瘴江边。

四

北宋时期，国都虽东移开封，长安不再是全国中心，但为解决西北边地面临的西夏、辽金等敌对势力，增加了边防驻军数量，范仲淹任延州（今延安）经略使时，宋军达20万

长安古道

武关道今貌

人之众,宋夏好水川之战前后,前线士兵曾达60万人,庞大的军粮运输,物资供应,使传统函谷道及黄河漕运均无力承受。故时任丞相的欧阳修在《漕河议略》中建议对武关道予以整治,修补道路,增设驿馆,使武关道运输能力得到极大提高,再次发挥通衢大道的作用。

北宋自靖康(1126—1127)灭亡,赵构南逃建立南宋,在抗击金兵,以图生存初期,共有三大战场,即以岳飞所领

武关通楚天

米仓道美景

岳家军的中原战场；以韩世忠为代表的江淮战场；以吴玠、吴璘为代表的秦岭战场。南宋绍兴三年（1133）正月，金将撒离喝久攻和尚原、大散关均告失败后，另施计谋，一方面命金军猛攻和尚原，使吴璘不能脱身；一方面亲自率主力东进，由蓝田、武关道攻下商州、金州（陕南安康）。汉中守将刘子羽急令田晟率兵守卫汉中东门户饶风关（汉中西乡与安康石泉交界处），同时用快信请吴玠增援。吴玠得报领兵从河池日夜兼程，比金兵早半天赶到，及时布防，双方在饶风岭展开激战。金军仰攻，前赴后继，死战不退，势在必得。吴玠招募5000名敢死士，用弓弩齐射，用巨石滚压，血战六昼夜，使金人无法越关。岂料，金军一边死战，一边买通奸细从小路潜出饶风关背后，直取汉中。急切之中，汉中守将刘子羽下令焚烧古城，退守三泉（今汉中宁强）。撒离喝虽占汉中，但瓦砾焦土，食宿无着，焦虑不安。吴玠趁势不断袭击金兵，使其在汉中无法久留，并扬言要断其退路。撒离喝果真中计，在沿古褒斜道退兵时，又被吴玠、刘子羽抓住时机，利用武休关大败金兵。绍兴十一年（1141），金将撒离喝命珠赫男勒率步骑5万，再次由武关道攻陷商州，宋将邵隆先败后胜，经武关道北上，又收复了商州等地。

之后明清时代，武关道基本沿用前代干线，只是随着开山技术提高，翻越秦岭的地段多采用石碥道，即就地取材用石条铺路，取代栈道，只是在穿越河水溪流时才修建栈桥，也多用石材，即长达数米的石条作为桥梁，再用石礅支撑，至今在米仓道上还能看到残存的几座石质栈桥。

近代以来，历史上的武关道已发生根本性变化，随着国家路网规划，陕西交通在国家有力支持下，以省会西安为中心，向四面八方辐射拓展，西安至安康两条铁路，沪陕、银武等四条高速公路途经商州、山阳、柞水、洛南，形成四通八达的多孔道交通网络，早在先秦，因商鞅封地扬名的商洛迎来现代化的高等级公路交通时代。空辟新港，路通高速，商洛市已融入省会"西安一小时经济圈"，真正做到"春风得意马蹄疾，一日看尽长安花"了。

长一安一古一道

CHANG'AN GUDAO

秦筑直道

秦筑直道

我对秦直道的了解始于1992年，因承担纪录片《栈道》的撰稿工作，在查阅典籍时，王开先生主编的《陕西古代道路交通史》中，有秦直道专节和图片，见子午岭上堑山堙谷的宏阔遗迹，深感震撼。1997年，我乘去榆林之便，沿途关注秦直道遗迹，见到协助蒙恬修道的秦太子扶苏墓地。2009年7月，专访秦直道，直到终点内蒙古包头，再西行河套、银川，直抵贺兰山下，行走和阅读并举，总算对秦王朝修筑直道的背景、目的、起始、形制、作用及历史贡献有所认知。

一

秦修筑直道有特殊背景与明确目的。

秦始皇统一六国，创建首个大一统王朝，也开天子巡游先河。《史记·秦始皇本纪》载，秦始皇称帝在位十一年，共有五次出巡，且出行路线不一，最后死在巡游路上，可谓"以身殉职"。

首次出巡见《史记·秦始皇本纪》载，二十七年（前220），始皇巡陇西、北地，出鸡头山，过回中。陇西郡所属西和、礼县、秦安等县是秦人旧地，秦始皇出巡陇西应看作是对先祖故土的礼祭与朝拜。而且，就在这次巡游后，发现

长安古道

秦岭中的古道遗址

秦统一天下，地域极大膨胀，原来六国"田畴异亩，车途异轨，律令异法，衣冠异制，言语异声，文字异形"。加之各国之间，城防壁垒，关塞亭障，严重阻碍中央政令的推行。所以针对发现问题下诏，在全国"治驰道"，就是以京都咸阳为中心构筑四通八达的道路，用以连接原六国故有道路，打通全国郡县要塞与边城远地之道。其目的十分明确——加强中央集权，从始皇传至百代，乃至无穷。

秦所修治的几条主干线是由咸阳而东，做扇形展开。一为东北方大道，直达原来的燕、赵地区；二为东方大道直通韩、魏、齐故地；三为东南方大道，直达原来的楚、越境内。其规模正如《汉书·贾山传》所说："秦为驰道于天下，东穷燕、齐，南极吴、楚，濒海之观毕至。"

秦始皇之后的几次巡游分别为二十八年（前219）、二十九年（前218）、三十二年（前215）与三十七年（前210）。从路线上看东出函谷关，过洛阳，直到山东半岛面临大海；东南则"行至云梦，望祀虞舜于九嶷山，浮江下，观籍柯，渡海渚，过丹阳，至钱唐，上会稽……"可谓游遍江南；北则达今山西、内蒙古，持续时间长且范围广，到达之地几乎遍及秦统一后的领土。只有道路畅通，达到"驰道"标准，

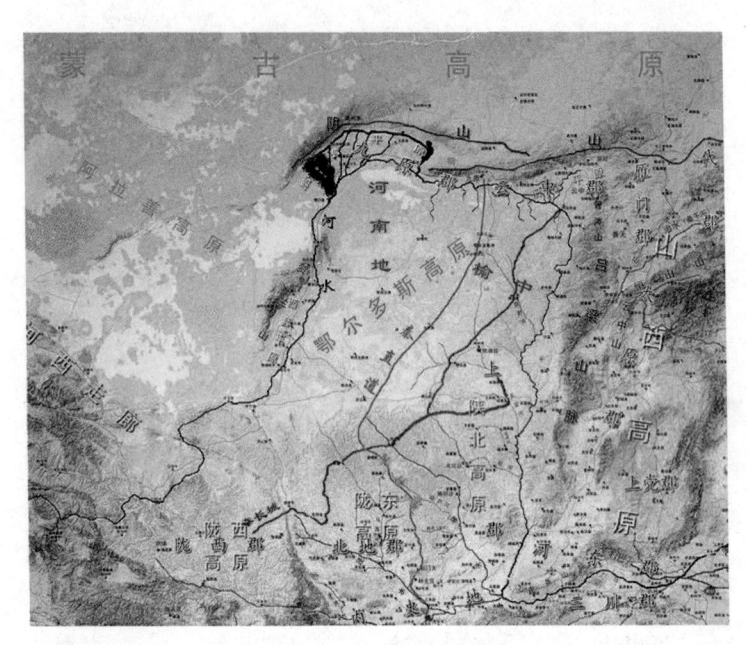

秦直道示意图

才能让帝王庞大烦琐的车马仪仗通行。不管秦始皇巡游目的与心态如何，客观上极大地促进道路的修筑与发展，是中国古代交通史上划时代的壮举。

　　秦直道正是这个背景下的产物，同时还有直接原因，早

秦筑直道

在西周，北方犬戎、猃狁、义渠等匈奴游牧部落便不断侵扰中原，典故"烽火戏诸侯"就是周幽王失信诸侯，被犬戎击败灭国。汉中南郑也因郑国受犬戎攻击，"其民南奔"而得名。戎狄素为中原祸患，也是秦人素敌。秦人先祖原在秦州（天水一带）。祖先伯益，因替舜养马得力，得到嘉赏，赐"嬴"姓并获得封地。此为秦人发迹之始，日后东迁到凤翔、岐山一带，历数代百年，仍落后六国。至秦孝公起用商鞅，励精图治，才日趋强盛，最终成为统一华夏的帝国。

但即便统一六国的强秦也无法阻止匈奴南下劫掠，为解除边患，秦始皇下令修直道，以便快速调集军队，抗击匈奴。《史记·蒙恬列传》记载："使蒙恬通道。自九原抵甘泉，堑山堙谷，千八百里。"先是，大将蒙恬率30万大军一举击溃匈奴，将其逼退至漠北。之后，以军士为工匠修筑通道。由今咸阳淳化秦代林光宫为始点，沿子午岭山巅一路朝北，经旬邑、黄陵、富县、甘泉、志丹、安塞、横山、榆林，穿过毛乌素沙漠进入鄂尔多斯草原，再由内蒙古东胜境内渡过黄河，直达包头，即秦时九原郡。这条南北通道长达700多千米，主体修筑在绵亘中国西部南北方向的子午岭山脊，大体呈直线状，成为关中平原到北部边塞最便捷的通道，故称"秦直道"。

长安古道

秦兵马俑

二

"秦直道"虽修建于2200多年前，由于穿越地段南部灌木丛生，中段为黄土高原，北段为沙漠，整体人烟稀少，较少被人类建设性损坏，不少路基得以保存，比如富县张家湾便有长达8千米的路段能通汽车。从保存的路迹看，极为宽阔恢宏，路面宽度在30~50米，足可供10辆载重汽车并排驰行；从路面看呈鱼脊状，以利雨水流淌，历2000年仍很光滑，并无杂树生长，足见夯土结实；穿越的山岭挖掘垭口宽达50米，充分利用子午岭山脊，减少在川道盘旋；采取"堑山堙谷"，是名副其实的"沿脊线"。与"沿溪线"一样至今保留在各种现代道路建设之中，充分体现古人的选道智慧。

如此宽阔恢宏的秦直道从秦始皇三十五年（前212）始动工，至三十七年（前210）便大体完成，只用了两年时间。那么，在没有现代科学仪器测量与现代施工机械条件下，秦人是如何创造出这一惊世奇迹的？看似不可思议，却还是能从典籍与相关事例中寻到答案。

首先，秦直道修筑得力于秦王朝大一统体制。经过商鞅变法，废除世卿世禄、奖励耕战军功，平民奴隶可凭借战功改变

长安古道

秦始皇帝陵博物院一号坑军阵前锋遗址

　　命运，极大地调动起底层人群的积极性，出现"家给人足"的繁盛景象。一个富国强兵的秦国从此崛起于西部，成为战国后期最强大的国家，最终在公元前221年，建立中国历史上第一个中央专制集权国家——秦王朝。

　　秦统一后，废除六国疆界，划全国为三十六郡，地方行政机构分郡、县两级，改世袭为地方官吏由中央任免。这种体制就能够确保中央集权，易保障庞大的国家权力运行，也能保障举全国财力物力集中起来搞大工程，比如连接六国长城的秦长城，让世界久久惊叹的兵马俑，当然也可有30万大军修筑的直道。

其次，秦人此时已发现和使用铁器。成书于周秦之际的《山海经》记载，秦地有六处产铁。《中国冶金简史》记载："近年来，在陕西临潼、咸阳一带，出土了不少秦的铁农具和铁工具，如铁凿、铁铲、铁犁、铁锤等。"铁器的发现和使用，使秦王朝能够开凿郑国渠与广西灵渠、四川都江堰等不朽的水利工程。这充分表明秦人已掌握水准测定、土方计算、方向把握等施工技术，铁制工具也注定会用于秦直道的修筑，使这项伟大工程有先进科技与工具支撑。

1995年初冬，我曾专程赴上海，采访抗战前夕修筑第一条穿越秦岭的川陕公路时，保护石门石刻的工程师张佐周。在交谈中，张老从桌上取过一叠纸，讲他思考的几个问题，其中一个为：张良刺秦始皇的武器疑为筑路用的铁锥？他说："秦代严刑酷法，尽收天下兵器浇铸铁人；到处盘查，严禁私人携带铁器，违者处斩；唯独筑路之铁锥扔在工地，随处可寻，当年在西北就曾见过秦时筑路铁锥，笨重硕大，足以伤人。"

长安古道

这与直道沿线发现的筑路铁器相符，据《陕西古代道路交通史》记载，富县村民周德虎便曾在直道发现铁锹，残重达8千克，只有精壮劳力才能使用。联想秦军多系底层百姓，渴望建立军功改变命运，故秦军骁勇，六国不能敌。一代名将蒙恬注定会把军功奖罚制度运用到筑路之中，700千米秦直道固然工程宏大，但分解到30万精壮军士中，平均3000名军士修7千米直道，把渴望建立军功的热情用于修道，两年时间应该能够完成。在秦代秦法严厉，工程质量不敢马虎，否则会受严惩乃至丧命。秦末陈胜、吴广就因下雨服役逾期要杀头才起义。《三国志》中记载，邓艾领军伐蜀，命曹魏名将许楮之子许宁修蜀军退兵时烧毁的褒斜道，日后进军因邓艾马蹄踏穿栈道隔板，许宁竟被斩首。再看修直道残存笨重硕大的铁锥、铁锹，只能让我们向付出辛劳血汗乃至生命的秦军将士致敬。

然在直道基本畅通，蒙恬谋划善后时，却遭宦官赵高迫害，于公元前210年吞药自杀于狱中。包括因劝阻始皇镇压儒生被派到监督蒙恬修道的秦太子扶苏，也在始皇死后，被丞相李斯伪造诏书，命其自杀，其墓地在今陕北绥德县疏扶山上。他们命虽不测，名却与秦直道一起被司马迁载入《史记》。秦直道和秦长城一样，是古代劳动人民的伟大创造。遥想其时，子午岭森林茂密，荒无人烟；鄂尔多斯草原湖沼遍布、蚊虫骚扰……仅是测定线路，制订方案就绝非易事。何况宽60米的车马驰道，沿途还有配套的兵站、驿置、邮亭……工程之艰，在中国乃至世界筑路史上都堪称奇迹！蒙恬排难应艰，完臻其事，功不可没。

三

秦王朝统一六国，虽短暂的15年便被西汉王朝取代，但秦直道却在后世发挥出巨大的作用。《史记·秦始皇本纪》记："三十二年，始皇之碣石，……巡北边，从上郡入。"表明秦始皇生前直道已畅通，秦始皇第五次出巡死后的灵柩，应是由秦直道运返咸阳。一个堪称伟大也以暴政出名的王朝就此落幕。

秦末汉初，连年战乱，灾荒不断。此时被蒙恬击败的匈奴趁机崛起，先后击败月氏、楼烦、丁零等游牧民族，建立起强大的奴隶制政权，趁中原内乱，重新占领黄河以南地区。纵铁骑不断南侵，边塞城乡仍深受其害。

历经"文景之治"，日趋强盛的西汉王朝改绥靖为抗击，

长安古道

咸阳汉武帝茂陵

秦直道便成为反击匈奴的重要通道。由于"秦直道"修建在子午岭的主脉上,居高临下,对两侧河谷有扼控作用,不担心对手设伏,后勤可充分保障,凸现出重要的军事价值。西汉王朝曾多次利用直道,文帝刘恒是最早驱车走直道的汉代皇帝。《史记·孝文帝本纪》记,汉文帝曾"自甘泉之高奴,……因幸太原"。高奴县治所在今安塞区东南,说明汉文帝是由秦直道北去至上郡,再至太原。《汉书·武帝纪》记载,元封元年(前110),汉武帝"自泰山复东至海上,至碣石,自辽西历北边九原,归于甘泉",所走的正是直道。这次巡幸,司马迁曾经随行,故能将直道的起讫之地明确记载,他在《史记·李斯列传》中说:"行观蒙恬所为筑长城亭障,堑山堙谷,通直道。"据《汉书·地理志》记载,西汉时期在北地郡新增了直路县和除道县,这两县分别设在子午岭段直道的南北两端,加强了对直道的控制。正是有秦直道,"兵贵神速",汉王朝的卫青、霍去病、李广等带领的大军才会突然出现在匈奴面前,让他们措手不及,占据战场的主动,出现"但使龙城飞将在,不叫胡马度阴山"的局面。

公元前127年,匈奴到上谷、渔阳劫掠,汉武帝组织反击,卫青率军明救渔阳,利用秦直道行至今包头,却突然回军西扫,大败屯守黄河河套地区的白羊王、楼烦王,驱逐了匈奴,收复黄河以南曾被秦将蒙恬攻占的广袤草原,解除了匈奴对长安京畿的威胁,史称"河南之战"。之后,西汉王朝在河套设溯方郡,汉武帝元狩四年(前119),迁徙关东流民数十万人口到北地、上郡,实边屯垦,移居朔北之人带去农具、籽种和栽培技术以及文化生活习俗,人居家安,促进了河套与边境的安定。

汉匈并非完全兵戈相见,也曾和睦相处。比如东汉时,匈奴呼韩邪在"五单于争立"中得到汉王朝的支持,统一匈奴全境,到长安城朝见汉元帝,请求"婿汉氏以自亲",主动提出做汉朝女婿。汉元帝答应呼韩邪请求,在后宫征求外嫁宫女。王昭君便是自愿请嫁而名标青史!《汉书·匈奴传》记载了这个历史性的场景:"呼韩邪临辞大会,帝以五女示之。昭君丰容靓饰,光明汉宫,顾景裴回,竦动左右,帝见大惊,意欲留之,而难失于信,遂与匈奴",呼韩邪感激万分,"上书愿保塞上谷以西至敦煌,传之无穷"。

意思是呼韩邪临行,汉王朝为其举办欢送宴会,盛装的王昭君在4名宫女簇拥下来到宫廷,王昭君的美貌与风采,像一束阳光照亮宫廷,汉元帝大吃一惊,想将其留在汉宫,又无法失信匈奴,只好忍痛割爱。呼韩邪压根没有想到能够得到这样一位雍容华贵的绝代美人,大喜过望,当即表示愿确保汉王朝上谷以西至敦煌(今山西至敦煌近3000千米)的边塞安宁,这是王昭君为汉王朝做出的历史贡献。

呼韩邪与王昭君离开汉宫,行走的正是秦直道。事实是自昭君和亲前后60年间,整整三代,边境出现了"边城宴闭,牛马布野,三世无吠犬之警,黎庶忘干戈之役,人民炽盛"的繁荣景象。至今直道沿线内蒙古境内有昭君墓,沿途有关于王昭君的传说,这都表明秦直道也是一条和平友谊之道。

另外一位阅历传奇的才女也与秦直道有关,她便是东汉大文学家蔡邕的女儿蔡文姬。东汉末年,她在战乱中被南匈奴所俘,无奈之中嫁匈奴右贤王为阏氏。在北方草原生活12年之久并生育二子,但蔡文姬始终不忘家乡中原,作《悲愤诗》和《胡笳十八拍》以述心怀,渴望回到家乡,但却被单于所阻。幸曹操与其父蔡邕交好,用重金从匈奴单于手中赎回文姬。为防不测,曹操亲率大军沿秦直道前往匈奴边界,单于见曹军威武军盛,只得同意文姬归汉。蔡文姬后来继承父业,参与编撰《续汉书》其所作《悲愤诗》和《胡笳十八拍》因反映东汉末

长安古道

年社会动荡、匈奴生活习俗及流离悲愤情怀，具有极高的文献价值受学界重视。与她相关的《文姬归汉》戏剧诗文也被人熟知，广为流传。

四

秦直道除军事价值外，还留下了丰富的文化遗产。这条沟通中原与边塞，农耕与游牧，战争与和平的近捷通道对于研究秦汉时期北方地区汉匈之间战争史、交通史、民族关系史等具有重要价值。同时，对于南北政令统一、经济开发和文化交流、文明传播方面也发挥着无可取代的作用。因此，秦直道近年备受学界关注。

我的朋友朱合作是榆林市群艺馆研究馆员，早期从事文学创作，1979年冬与我同为省作协首期读书班学员，也与路遥交好。后来转向地域文化研究，多与秦直道相关。几次去榆林，他都拿出历年搜集的汉代砖石画像拓片一一展示，有"牛耕图""谷物图""放牧图""拾粪图""杂技图""击剑图"等，让人大开眼界。这些拓片均与我在中原南阳和山东临沂等地见到的汉画像石类似。还有印着秦始皇统一度量衡的诏书，表明秦统一度量衡、统一货币的政策，通过秦直道，也曾推行于秦长城沿边的郡县。

秦筑直道

秦直道比著名的罗马大道还早200多年，应是世界第一条最直、最长、最宽的大道，被称为世界高速公路的鼻祖亦不为过。秦直道目前已申报世界文化遗产，应有希望获得这项荣誉。

长一安一古一道

CHANG'AN GUDAO

汉拓西域

汉拓西域

一

我们对"西域"的认识，有个逐步深入和延伸的过程。秦代版图西止甘肃临洮，临洮也是秦长城与秦岭西部起点，限于当时人们活动半径，临洮以西便可称西域。"西域"最早见于《史记·骠骑列传》中"骠骑将军去病率师攻匈奴西域王浑邪"一句，当时浑邪王游牧于今河西走廊武威一带，可见河西走廊在汉时人眼中已是西域。随着张骞出使西域，河西走廊归汉，汉代人视野不断延伸，到东汉班固撰写《汉书》时，对西域的说法是"东则接汉，扼以玉门、阳关，西则限以葱岭"，葱岭指帕米尔高原。到东汉时，对西域的认识已包括塔里木河流域，即今日新疆。唐时玄奘写《大唐西域传》，西域概念已包括葱岭以西，巴尔喀什湖、阿富汗、印度、中亚费尔干纳盆地以至波斯（今伊朗）等中亚地区。唐时中国版图包括了以上大部分地区，唐安西四镇之一碎叶镇已在境外1000多千米处（今吉尔吉斯之托克马克），有学者考证诗人李白出生于此。清乾隆时期，随着朝廷对新疆准噶尔政权及大小和卓叛乱的平定，使疆域直追汉唐。清代《西域图志》赫然标明"其地在肃州嘉峪关外，东南接肃州，东北至喀尔喀（蒙古），西接葱岭，北抵俄罗斯，南接番藏（青海、西藏），轮广二万余

长安古道

里",即指今天新疆包括被帝俄强行割去的巴尔喀什湖以东以南的51万平方千米。这便是汉唐以来,西域历尽沧桑,在国人心目中定型的"西域"概念。

丝绸之路通往欧亚,其中最重要的路线是长达1200千米的河西走廊。时至今日,只要穿越乌梢岭进入河西走廊,便能感受到与中原迥然不同的山川风貌,戈壁大漠,长云孤城,一派汉唐边塞的诗歌意境。行走于千里河西,像沿着一条时光隧洞,走向历史深处,走向汉唐时代。

武威、张掖、酒泉、敦煌、阳关、玉门关、古居延、黑水城……仿佛一个个历史文化驿站,几乎每一个地名都有来历,都能演绎出一串非同凡响的故事,牵连着一个风云激荡的时代。

比如酒泉,在城东泉湖公园,一座高大石碑上,镌刻着"西汉酒泉胜迹"几个遒劲大字。碑后有波光粼粼的湖水,宽广数十亩,掩映于垂柳林木之间,湖面假山耸立,九曲木桥通幽,芦苇成片,长堤环绕,一派园林气象。泉湖有汩汩泉水从岩缝流出,长年不断,早年有泉水三眼,两眼已干涸,一眼经清理疏浚,积水成湖,因湖成园,已成塞外胜迹。

汉拓西域

祁连山下古战场

此泉称酒泉,与河西归汉的重大事件有关。秦汉时期,蒙古高原与青藏高原之间的河西走廊,是游牧民族的天下,生活着大小月氏人。彼时,蒙古草原匈奴壮大,早在春秋战国时,便南下劫掠。匈奴精于骑射,来去无踪,濒临北方的燕、赵、秦等国便修筑长城以防御。秦统一全国后,把各国长城连接起来称秦长城。但修长城,谈何容易,当时全国人口不过2000余万人,青壮年全被征用服役,给底层群众带来极大的灾难。孟姜女哭长城正是这种苦难的反映,也埋下秦

丝路遗风——维吾尔族群众至今喜爱丝绸

王朝灭亡的种子。

秦建都长安，威胁最大是北方向占据草原的匈奴，为消除威胁，秦国大将蒙恬率兵30万出击匈奴，匈奴大败，北退七百里，秦军占领河套，并修筑南起云阳（淳化）北至九原（包头）长达700千米的秦直道，解除了匈奴对长安的威胁。

匈奴虽在河套失利，却击败河西走廊的月氏人，占据祁连山下牧场，在匈奴最强大时，连青藏高原胡羌都降服称臣，对中原王朝构成威胁。秦末汉初，连年战乱，人口锐减，灾荒不断。此时匈奴人击败月氏、楼烦、白羊等游牧民族，建立起强大的奴隶制政权，趁中原内乱，重新占领黄河以南的河套地区。《史记·匈奴传》说此时匈奴有"控弦之士三十余万"，西汉初年，又发展到"精兵四十万骑"，自恃强大，不断南侵，陕西、山西、河北临近边塞的城镇乡村深受其害。

二

公元前201年，匈奴的铁骑竟然攻占到今山西省太原一带，威胁长安。汉高祖刘邦亲率大军30万反击，结果在平城反遭匈奴骑兵重重包围，无奈用重金贿买匈奴贵妇，方得突围。平城之围使汉廷认识到在残破凋零的社会状况亟待恢复的情况下，根本无法与强大的匈奴抗衡。只好采取"和亲纳贡"的政策即选取汉朝宗室女子，封为公主，远嫁匈奴首领单于，再陪嫁大量丝绸、大米、茶叶、金银、器物等游牧民族十分喜好又不能生产的物品，并应允开放边市。这些怀柔办法，虽不能完全制止匈奴南下劫掠，但由匈奴首领亲率铁骑大规模骚扰的情况确实较少发生。为西汉王朝休养生息，发展生产赢得了时间。秦末汉初动乱使朝野一致接受了黄老

长安古道

学说即"无为而治",放弃秦代"严刑酷法,横征暴敛,四处征战,劳民伤财"的做法,政府轻徭薄赋,百姓安心生产。就像我们进入新时期,吸取"文革"惨痛教训,放弃阶级斗争,注重经济建设,仅用四十年,改革开放就取得非凡成就。西汉朝廷经过文、景两代,半个世纪的发展,人口与财富都成倍增长,公私粮库充裕,城镇商贸繁荣,乡村田亩相望,国家综合实力空前提高,已不是汉初面对匈奴骚扰无力还手的情况。

在文帝三年(前177)和十四年(前166)汉朝"和亲纳贡"期间,匈奴掠夺本性难移,单于亲率十余万铁骑两次进犯,前锋深入汉甘泉宫附近,直接危及京畿,汉军被迫迎战,汉文帝亲上前线督战,虽然两次反击都取得胜利,实际不过是把满载而归的匈奴送出边境。况且,这么一来打破表面和平的局面,匈奴索性无所顾忌,每当秋高马肥时,就大规模南下烧杀劫掠,边境军民深受其害,成为西汉王朝急需解决的外患。

随着汉朝生产经济不断恢复,解除边患的呼声也越来越高,就在这个当口,雄才大略的汉武帝刘彻登上了历史舞台。刘彻登基时虽然只有17岁,却经历了匈奴侵扰的甘泉烽

汉夺河西——乌鞘岭上的烽燧是进入河西走廊的标志

火，姐姐和亲骨肉的离散之痛以及朝野宫闱权谋争斗的锻炼。他性格刚强，谋勇兼备，深受治国平天下的儒学熏陶，堪称雄才大略，千古一帝。元光二年（前133）实施马邑之战，派人诈降边城马邑，引诱单于率十万匈奴来攻，汉军以30万大军设伏，后因事情败露，两军没有交战，却由此拉开了长达十几年的对匈战争序幕，也标志着汉朝立国以来，对匈奴的战略发生根本转变，由被动防御到主动出击，直到解除匈奴对中原的威胁。

长安古道

酒泉霍去病雕塑

新的形势与战略呼吁着新的军事人才，对匈战争中一批年轻将领脱颖而出，杰出的代表是卫青与霍去病，正是他们作为汉军统帅取得了三次关键性的胜利。

第一次战役是公元前127年，匈奴到上谷、渔阳劫掠，汉武帝组织反击，卫青率军明救渔阳，行至今包头，却突然回军西扫，大败屯守河套的白羊王、楼烦王，收复黄河以南曾被秦将蒙恬攻占的广袤草原，解除了匈奴对长安的威胁，史称"河南之战"。

汉拓西域

第二次战役发生在公元前121年，即与酒泉相关的河西之战。这年春天，汉武帝命年仅20岁的霍去病"将万骑出陇西"突袭匈奴。霍去病是名将卫青的外甥，从小进汉宫，喜骑射和剑术，深受汉武帝喜爱，亲加调教。两年前他只有18岁时，跟随卫青出击匈奴，率八百轻骑追杀匈奴数百里，功冠全军。这次独自率领万余跟他年龄相仿的羽林军士，完全是年轻人杀敌报国热血在起作用，他们无多少军事经验，也无负担，一路疾驰，越过焉支山千余里，大破匈奴军队，斩首八千余人，大获全胜。同年夏天，霍去病再率轻骑进攻河西，这次他孤军深入，如狂飙突进，过居延海，攻祁连山斩杀匈奴三万余人并俘获许多贵族和首领，迫使昆邪王率部众四万人降汉，匈奴势力退出河西，千里走廊历史上首次归入中原王朝版图，切断匈奴与西羌的联系，也打通汉王朝通往西域乃至欧亚的道路，为丝绸之路的开辟，起到关键作用。因千里河西系丝路咽喉，丝路从长安起步，沿泾水和渭水道分南北，至兰州后，又分南、北、中三线，但均在河西走廊交会，若无河西走廊，丝绸之路便无从谈起。更何况，千里河西还沟连着广阔西域，是汉王朝日后建立西域都护府，管理西域的桥头堡。因而这个胜利非同小可，具有划时代的意义，汉室朝野都看清这点，所以在河西走廊"设四郡，据两关"来巩固成果。四郡即武威、张掖、酒泉、敦煌，两关为阳关和玉门关。

地名均有讲究，取"武力威镇"之意而设武威；取"张国臂掖"之意而设张掖；敦煌则因濒临大漠，取"敦，大也；煌，盛也"之意，故名敦煌。至于酒泉，则是因霍去病大获全胜，为河西归汉立了头功，汉武帝为奖励霍去病，送去美酒，汉代人豪放，喜好饮酒，何况是皇帝亲赐御酒，将士们当然都想品味，但酒少人多，怎么办呢？霍去病驻军位置在泉水边，靠水扎寨也是兵家常识。霍去病看着汩汩流淌泉水，心中一亮，这位天才将军立刻有了主意。他传令三军聚集泉边，然后下令把御酒全倒进泉水，让全军将士汲饮泉水。掺酒泉水带上了酒味，满足了全军将士为胜利痛饮的愿望，事情传开，朝廷索性在此设酒泉郡以示褒扬。这一切发生在标新立异、生机勃勃的汉代十分合理，也成为流传千古的美谈。

由卫青、霍去病两位天才统帅联手取得第三次胜利，史称"漠北之战"。在汉军连续打击下，匈奴将王廷迁往沙漠以北。为消灭匈奴的有生力量，汉武帝毕其功于一役，全国动员，仅是承担后勤，转运粮草便有十余万人，马十万余匹。卫青与霍去病各率铁骑五万，分赴漠北，合歼匈奴。这次会战，

汉拓西域

丝路群雕

双方展开激战，卫青歼匈奴近两万人，烧毁匈奴粮仓，霍去病斩敌七万余人，追击至瀚海即今俄罗斯境内贝加尔湖。经此打击，匈奴有生力量丧失，"漠南无王廷"，困扰秦汉边境百年之久的边患基本解除。

如今，徜徉河西走廊，便不能不遥想将千里河西首次划归祖国版图的年轻将领霍去病，他18岁出征，六战六捷，是没有打过败仗的将军，去世时仅24岁，留下显赫军功，也留下"匈奴未灭，何以家为"的千古名句，留下"酒入甘泉三军痛饮"的千古佳话，更留下关中茂陵霍去病墓前被鲁迅先生誉为"汉人极作"的"马踏匈奴"大型石雕群落，成为文学艺术界一个永远叙说不尽的话题。

也许正是受"酒入甘泉，三军痛饮"的遗风影响，甘肃人尤其河西四郡，无不善饮，饮则豪爽，拳令急切，输则必饮。我的多次河西之行对此豪爽酒风留下难忘印象，故有人戏称："河西酒廊"。

三

但是，西域并不平静，南宋之后海上丝路兴起，西域传统丝路衰落，明长城西部终点为嘉峪关，连敦煌都在400千米之外，造成西域失控。清初，康熙皇帝曾三次亲率大军征讨准噶尔。乾隆时又平定大小和卓之乱，西域回归祖国。各族人民重新感受到大家庭的温暖，南疆喀什噶尔的赋税减少至准噶尔统治时期的七分之一，牛羊赋税则更轻。所以清军入疆，受到各族群众欢迎，纷纷"箪食壶浆，以迎王师"，主动带路探哨，捐献粮食，就像抗战中老百姓支持八路军那样。

清王朝统一西域后，吸取汉唐经验，推行军垦，迁徙汉民实边，兴修水利，活跃商贸，使西域经济得到长足发展。清代中期，陕甘总督文绥经过实地考察，向朝廷报告：今天山南北，水渠绿野，田畴相望，城市富丽，人烟辐辏，繁茂盛于关内。

新疆的富饶引起周边国家，尤其是帝俄的眼馋，鸦片战争后，趁中国战败，国势衰微，采取威胁、利诱、瓦解等种种手段入侵新疆。之后，太平天国起义，告示曾贴到北疆塔城，清政府忙于镇压农民起义，帝俄又趁机插手新疆，于1864年强迫清廷签订《中俄勘分西北界约记》强行割占巴尔喀什湖以东以南44万多平方千米的土地，之后又签《中俄伊犁条约》割占伊犁西路7万多平方千米，两次共丧失51万多平方千米的土地，相当于五个浙江省的面积。

这其中，最危险的事件莫过"海塞之争"。

1874年之前，新疆被英帝帮凶浩罕国阿古柏匪帮和沙俄军队先后入侵，天山南北全部陷落。为收复新疆，积贫积弱的清政府拼足力气，好不容易拼凑军饷，调集军队，整装待发。但就在这时，日本又趁机出兵占据台湾，引发东南沿海危机。时任直隶总督的李鸿章公然主张放弃新疆，认为新疆

长安古道

乃化外之地，戈壁千里，人烟稀少，乾隆平定和卓之乱，毕全国之力，徒收千里赤地，增加千百万银两开支，所得不抵所失，伊犁更为遥远，鞭长莫及，又临英属印度和沙俄等列强，"即勉图恢复，将来断不能久守"。不收复新疆"于肢体元气无伤，海疆不防，则腹心之患愈棘"应加强海防，放弃塞防。

时任陕甘总督左宗棠却认为，"我朝定鼎燕都，蒙部环卫北方，百数十年无烽燧之警，是故重新疆所以保蒙古，保蒙古者所以卫京师。若新疆不固，则蒙部不安，匪特陕、甘、山西各边时虞侵轶，防不胜防，即直北关山，亦将无晏眠之日"。海防、塞防互为表里，相互影响，缺一不可，同等重要，新疆塞防断不能丢，我退一步，俄人必进一丈，西域不守，则河西关陇亦难保，中国半壁江山就危险了，故务必收复新疆，"借以备御英俄，实为边疆久远之计"。左宗棠虽立论精辟极富远见，但李鸿章此时自独掌淮军，平定捻军居功甚伟，历任湖广、直隶总督，官拜文华殿大学士。比左宗棠年轻10余岁，身居高位，炙手可热，朝中大臣附和的亦不少。一时形成"海塞之争"，相持不下。其时同治皇帝位同虚设，实权握在慈禧手中，最后朝廷能够采纳左宗棠收复新疆的意见，竟非常偶然和侥幸。其时满人大学士、军机大臣文祥支持左宗棠，他"排众议之不决者，力主进剿"，前去说服慈禧，慈禧当时仅30多岁，她并非有什么卓识远见，而是还能够听得进去意见，这样避免了一场悲剧的发生。1875年5月3日，清廷最终任命左宗棠为钦差大臣，督办新疆军务。

收复新疆，绝非易事，关山阻隔数千里之遥，当时没有任何机械车辆运输兵员、军火、粮草，一切全靠马运驼载，而清廷又积弱积贫，拿不出多少银子，在这种情况下，无一事不尽耗精力。唯一可让朝野稍事心安的是左宗棠收复新疆的一腔热血与雄心，另外还有主战臣们对左宗棠的认识了解。

湖南长沙岳麓书院素为国学重镇，其庄严大门迎面一副对联更是掷地有声：惟楚有材，于斯为盛；另有一联：吾道南来原是濂溪一脉，大江东去无非湘水余波。虽显志得气盛，但细想每当国难时艰，湖南也确为英雄辈出之地，所谓燕赵多慷慨悲歌之士，湖湘多坚忍不拔之人。19世纪的中国，康乾盛世早已雄风不在，外有列强环窥，内则遍地烽火，真正内忧外患，积贫积弱，凡有良知的读书人莫不拍案

长安古道

而起,倾心国事,投笔从戎,报效国家。单是晚清湖南就涌现出陶澍、魏源、曾国藩、左宗棠、胡林翼、郭嵩焘等一批思想家、军事家、外交家。

左宗棠(1812—1885)出生于湖南湘阳一个耕读世家,青年时屡试不第,转向学习经世治用之学,遍读群书,精研兵法,并撰联自励:"身无半亩,心忧天下;读破万卷,神交古人。"太平天国起义,湖南首当其冲,曾国藩奉命组建"湘勇",也为左宗棠登上历史舞台提供了机遇,他应邀入幕湖南巡抚衙门,出谋献策,精心策划。其时,太平军攻南京、下安庆攻势凶猛,但在长达6年的时间里,湖南却安然无恙,还有力支持了相邻的湖北、江西、广西壮族自治区等省,其中左宗棠功勋卓著。一时间"国家不可一日无湖南,即湖南不可一日无左宗棠也"的佳话传遍朝野。

之后,左宗棠创建楚军,攻城略地,屡建战功,出任闽浙总督,开办马尾船厂;平定陕甘回变,再任陕甘总督,成为晚清与曾国藩、李鸿章并列的中兴名臣。

左宗棠一生干的最光彩,也最为国人称道的是收复新疆。左宗棠时任陕甘总督,坐镇兰州,作为封疆大吏,一方面左宗棠素怀报国之心，洞悉天下大势；另一方面，能干成收复新疆的这桩伟业也与民族英雄林则徐紧密相关。

林则徐（1785—1850）福建福州人，清廷重臣，曾严查鸦片，抵抗外敌，年长左宗棠27岁。当左宗棠还在乡下做私塾教师时，林则徐已是名满天下的钦差大臣，戒烟英雄。但林则徐、左宗棠均属一生忧国忧民，主张经世治用的知识分子，他们之间的交往并非文人之间的君子之交，而是事关国家安危的生死之托。

林则徐禁烟遭诬陷，撤职流放新疆，但他并不气馁，撰联"苟利国家生死以，岂因祸福避趋之"以明心志，在新疆几年中，他殚精竭虑，在伊犁倡修水利于前，赴喀什履勘屯务于后；以衰病之躯昼夜操劳，至今为新疆各族群众缅怀称道。更重要的是，林则徐以政治家的眼光审视世界，深刻预察洞悉帝俄欲侵占我国领土的罪恶野心，未雨绸缪，他利用踏勘田亩的方便，亲手绘制新疆疆域地图，以备日后抗俄之用。

1848年，林则徐复出，任云贵总督，两江总督陶澍的女婿湘中名士胡林翼向林则徐推荐左宗棠，称赞其为"近日楚才第一"，文武之学可堪大用。林则徐即致信左宗棠去云贵总

长安古道

督府入幕。其时陶澍过世，左宗棠正为其打理家务，对林公早"心神依倚，憪之欲随"，常以未能去仰慕已久的林公处入幕为憾。幸运的是，历史为两位英雄提供了被史家称为"湘江夜谈"的机会。1850年1月3日，林则徐因病告老还乡，乘船途经长沙，湖南官员皆来拜会，林则徐却让人专门请来左宗棠，两人一见如故，彻夜长谈，林则徐预见侵占我西域疆土者必俄罗斯，他详细向左宗棠介绍新疆山川地貌，攻守大势，并把自己在新疆所绘地图，悉数送与左宗棠，叮嘱："吾老矣，空有御俄之志，终无成就之日，数年来留心人才，欲将此重任托付，以吾数年心血，献给足下，或许将来治疆用得着。"临别时，林则徐又紧紧握左宗棠之手，说："东南洋夷，能御之者或许有人；他日西定新疆，非君莫属！"

一年后，林则徐去世，临终他向清廷、向咸丰帝郑重推荐左宗棠。历史已经证实了林则徐对天下大势深刻的洞察和惊人的预见。27年后，率领大军急速西行，马蹄叩击戈壁，战旗拂动流云的三军统帅正是林则徐当年托嘱的左宗棠。他抬着棺材，以铭誓死收复新疆的决心，怀中揣着林公交付的新疆地图和作战策略，以备随时运筹帷幄，未曾交兵，双方胜负已见端倪。

这真实发生的一切并非神话，林则徐、左宗棠也并非神仙。若追溯细究，依然是数千年中国优秀的传统文化在起作用，中国历代知识分子追求"修身、齐家、治国、平天下""先天下之忧而忧，后天下之乐而乐"，历来以天下事为己任，不容丝毫轻慢懈怠。当然，这其中相当一部分读书人，或为生计所累，或因命运坎坷，日渐消沉，不再壮怀激烈，但知识分子的中坚或者说最优秀杰出者，决不因命运多舛而改变志向。远如"在汉苏武节，在晋董狐笔"，张骞"凿空"西域，班超"定远"西陲，近如林则徐禁烟遭贬，流放新疆，时年已过花甲，仍豪情不减，写下"苟利国家生死以，岂因祸福避趋之"的千古名句；左宗棠身居茅屋也是"身无半亩，心忧天下"，视匡复社稷安危为不二己任；林、左二位所作所为，实为真切展示中国文化人之精神，以他们全部的热情热心和生命之火，为中国传统文化书写下浓墨重彩的一笔。

中华民族五千年来，历经灾难，却仍然生生不息，发展强大，实赖有悠久灿烂之文化，养育一代代仁人志士前赴后继，奋斗不息啊！

长安古道

四

1879年初夏，左宗棠正式挂帅西征，尽管面临兵疲、饷绌、粮乏、运艰等诸般困难，但他仍清醒地认识，靠得住的就是运筹帷幄，精心谋划。左宗棠在主战大臣们的支持下，起用徽商巨擘胡雪岩，利用商界和社会力量，唤醒民众收复疆土的爱国热情，征集到充足的粮食、被服和医药，又在湖广总督张之洞的支持下，打造新式火器。翌年四月，左宗棠不顾年事高迈，坐镇肃州，精心备战，细致到连用毛驴驮运军粮与骡马驮运军粮所损耗差异的问题都会过问。对将士更是严加挑选，去弱留壮，晓以大义，故士气高昂。六月，湘军大将刘锦棠率领西征大军进入新疆，另有张耀率豫军、徐占彪率蜀军进疆策应。尽管如此，左宗棠深知收复新疆，首战成败，关乎全局，故依据西域地理条件、敌我态势，做出"先北路而后南路"的战略部署，分步实施。首战为古牧地，即今米泉，进军有两路可选：一为戈壁大道，近且平坦，但缺水草；一为山间小路，水源充足，但有重兵把守。清军精心部署、声东击西，列队从大路进发，夜晚却突然回头，趁敌军戒备松懈，攻占古牧地外围，次日炮击城楼，进城巷战，一举收复古牧地。首战告捷，士气大振，湘军乘胜追击，短短五天，连克乌鲁木齐、昌吉、呼图壁。经过休整，又攻克玛拉斯，肃清阿古柏在北疆势力。之后，又经历了攻克南疆门户达坂城之战，与前来策应的豫军、蜀军会合，取得一举夺取吐鲁番回汉二城的胜利。在清军连续打击下，入侵敌军已无斗志，匪首阿古柏自杀，残敌退守南疆，企图负隅顽抗。新疆沦陷十年之久，阿古柏匪帮横征暴敛，牛羊随意屠杀，粮食成倍征收，仅是供阿古柏父子淫乐的各族少女即达600余人，失去土地的群众沦为奴婢，在巴扎（市场）上出售，各族群众深受其害，整个南疆沦为人间地狱。故清军收复新疆，男女老幼无不欢欣鼓舞。西征大军在当地群众的大力支持下，仅用两年时间便全帝俄占领的伊犁九城，维护了国土的完整。

收复新疆后，左宗棠又歼阿古柏匪帮，收复了天山南北的大片疆土，趁大军驻疆，各族人民情绪高涨，不失时机组织军民屯垦、修渠、筑路、植树，几年时间，天山南北就呈现出田亩相望、人烟辐辏、牛羊布野的复苏气象。时任浙江巡抚的杨昌睿来到收复后的新疆，目睹百业兴旺的情景，挥笔写下："大将筹边尚未还，湖湘弟子满天山；新栽杨柳三千里，引得春风渡玉关。"

1884年，清政府又接受左宗棠的建议，取"故土新归"

之意，正式设立新疆省。与内地各省一样推行自秦汉以来的郡县制，既扼制地方割据势力，也对帝俄作有力的防范，最终奠定了占全国国土六分之一的160万平方千米的新疆作为中国不可分割之一省。所以有历史学家认为，自唐太宗之后，对祖国领土贡献最大者当推左宗棠。细察18世纪以来中国西部风云变幻的历史，实非过誉。

　　回首历史烟云，对先贤志士充满敬意，哦，辽阔丰饶的新疆，故土新疆！

汉拓西域

一代名将左宗棠

长 安 古 道

CHANG'AN GUDAO

张骞"凿空"

张骞"凿空"

一

张骞，汉中人，建元中为郎。是时天子问匈奴降者，皆言匈奴破月氏王，以其头为饮器，月氏遁逃，而常怨仇匈奴，无与共击之。汉方欲事灭胡，闻此言，因欲通使。道必更匈奴中，乃募能使者。骞以郎应募，使月氏，与堂邑氏故胡奴甘父俱出陇西。经匈奴，匈奴得之，传旨单于。单于留之，曰："月氏在吾北，汉何以得往使？吾欲越使，汉肯听我乎？"留骞十余岁，与妻有子，然骞持汉节不失。

——《史记·大宛列传》

司马迁与张骞为同时代人，史家讲究"生不列传"，由于张骞两使西域，出生入死，敢为人先，为惊天地、泣鬼神之壮举，故司马迁在《史记·大宛列传》中，开篇即以数百字介绍张骞的业绩与贡献。东汉班固作《汉书》，把张骞、大将军李广利并列作传，使得张骞"凿空"的历史功勋，名标青史，永垂后世。两千年间，非但没有被岁月淹没，反倒因中西方政治、经济、科技、文化交流，在历史上对强汉盛唐产生积极影响的丝绸之路成为中西交往的重要通道，被誉为"欧亚大

长安古道

敦煌323窟　佛教史迹故事画张骞出使西域图（初唐）

陆桥"，至今在我国对外交流上仍发挥着重大作用。追思先贤，当年张骞不畏艰险，"凿空"丝路的精神也益发应该彰显、发扬光大，张骞当之无愧地被列为世界级文化名人。

时势造英雄，张骞"凿空"西域壮举并非偶然，是汉代标新立异、气吞八荒的时代精神的集中凸显，也是当时国情时势所造就的。秦汉之际，中原经过春秋战乱，连横合张骞"凿空"

纵,此消彼立,最终中国西部黄河流域的秦国崛起,战败诸国"六王毕,四海一"统一中原。占据北方草原的匈奴,以游牧狩猎为生,精于骑马射箭,且无礼仪束缚,只讲目的,不择手段。每当秋高马肥,便南下劫掠财物、牛羊和妇女,得手后迅速撤离,严重威胁立国未久的西汉王朝。汉高祖刘邦也曾进行反击,但匈奴正值兵强马壮"控弦之士已达三十万",汉王朝暂时还无实力与匈奴对抗,只能"和亲纳贡"绥靖匈奴,平息"边患"。这种状况一直持续到汉武帝时代,经历"文景之治",国家综合实力增强,有了进行战争所必需的雄厚物力财力。汉武帝年纪虽轻,却性格刚毅,不甘心向匈奴示弱,召集大臣商议,决心对匈奴改绥靖为反击,这一重大政策的改变,史称"元光决策"。

恰在这时,汉武帝从受降的匈奴人口中得知,匈奴攻占了原由大月氏人放牧的河西走廊,杀死月氏国王,还把其脑骨做成酒器。月氏人被迫西迁,但难忘故土,非常想与其他部落联合,共击匈奴,以报前仇。得知这些情况,汉武帝喜出望外,他敏锐地把握住这个历史机遇,因为匈奴发展到"精兵四十万骑",不可小视,若能与月氏人联合夹击,才能有取胜把握。

但派谁去西域联系大月氏人呢?茫茫西域,大月氏人在哪里?虽有西周穆天子会见西王母记载,那也是千年之前的传说,当时人对西域了解甚少,因为黄河以西的青藏高原、天山南北皆为吐蕃、胡羌、匈奴等游牧民族占据,沿途戈壁大漠,荒原激流,食宿无着,情况不明,且要经过敌对状态的匈奴辖区,吉凶难料,充满险情,非有大智大勇者不可为之。为

张骞纪念馆

选拔出使西域的人才，汉武帝下令在全国张榜招贤，正是这个历史性的呼唤，使张骞脱颖而出，名标青史。

张骞，汉中城固人，其时仅为品不入流的"郎"，属预备性质的官员。但他曾为武帝伴读，洞悉朝野和天下大事，胸有大志且性格坚毅，办事沉稳敏捷。史书载，他"为人强力，宽大信人"即具有坚忍不拔、心胸开阔，并能以信义待人事友。看到朝廷的招贤令后，他意识到这是为国家效力，施展自己抱负的机会，于是毅然揭榜应募出使西域，时年29岁。

二

公元前138年，张骞奉命率领百人使团，由一个归顺胡人堂邑父作向导，从长安出发，穿越秦陇大地，从临津渡过黄河进入河西走廊。自大月氏被迫西迁后，千里河西已被匈奴控制，张骞一行不幸被匈奴骑兵抓获，并送往今内蒙古呼和浩特匈奴王廷。

匈奴单于为拉拢张骞，打消其出使月氏的念头，进行种种威逼利诱，还给张骞娶匈奴女子为妻，生了孩子，但均未达到目的。他"不辱使命""持汉节不失"，始终没有忘记汉武帝所交给自己的神圣使命，没有动摇为汉朝通使月氏的意志和决心。张骞等人在匈奴留居了十年之久，一直在做着逃跑准备并寻找逃跑机会。

终于，张骞趁匈奴不备，果断地离开防地，带领妻儿随从，逃出匈奴王廷。这种逃亡是十分危险和艰难的。幸运的是，在匈奴十年留居期间，张骞处处留心，不露声色地掌握匈奴习俗，了解通往西域的道路，学会匈奴的语言，他穿上

张骞"凿空"

胡服，混迹匈奴人群，已无人察觉他是汉使。他骑马带着妻儿逃走，没有被匈奴人查获，一是因为匈奴世代逐水草而居，四处游牧，掩护了他们的行踪；另外也归结于张骞始终不忘使命的坚强意志和随机应变的机智。多次遭遇风险都化险为夷，他们终于顺利地穿过了匈奴人的控制区。

但张骞留居匈奴期间，西域形势发生很大的变化。大月氏被迫离开河西走廊逃往的伊犁河谷，系乌孙国的地盘，乌孙国在匈奴支持和唆使下，攻击月氏。月氏人被迫又继续西迁，进入咸海附近并征服大夏，已在新的土地上另建家园。张骞了解到这一情况，没有后退，而是坚定不移地坚持西行。他们沿塔里木河，过库车、疏勒，翻越海拔四五千米终年积雪的葱岭，这条道路十分艰苦。戈壁滩上，飞沙走石，热浪滚滚；葱岭高如屋脊，冰雪皑皑，寒风刺骨。沿途人烟稀少，水源奇缺。加之匆匆出逃，物资准备不足。张骞一行，风餐露宿，备尝艰辛。干粮吃尽了，就靠善射的堂邑父射杀禽兽聊以充饥。其艰难险阻非身临其境不能体会万一。

三

我所生活的汉中，又恰为张骞的故乡，出于对先贤志士的敬仰，参观和陪人参观，也不知去过张骞故里墓冢多少

长安古道

次。纪念馆内，从长安到罗马的图表赫然标明，每每细观，内心便被搅动，这也许便是我放弃文学，探访丝路已达20余次的真正初衷。我专程去张骞被匈奴扣押过的内蒙古阴山草原与河西走廊祁连山下的荒原，这里海拔超过3000米，气候瞬间万变，即便曾在盛夏遭遇暴风雪，我们还有车可躲避，推想张骞当年如何度过漫漫十年，非有超乎常人的毅力，且能吃大苦者不可为之！

张骞最先到达的是大宛国（即今乌兹别克斯坦），向大宛国王说明了自己出使月氏的使命，大宛王早就风闻东方汉朝的富庶，很想与汉朝通使往来，但苦于匈奴的阻碍，未能实现。汉使的意外到来，让他感到非常高兴。热情款待后，派了向导和译员，将张骞等人送到康居（今塔吉克斯坦境内）。康居王又遣人将他们送至大月氏。

不料，这时大月氏人由于新的国土十分肥沃，物产丰富，并且距匈奴和乌孙很远，遭受攻击的危险已不存在，改变了态度。当张骞向他们提出建议时，他们已无意向匈奴复仇。张骞等人在月氏逗留了一年多，始终未能说服月氏人与汉朝联盟，夹击匈奴。元朔元年（前128），张骞权衡利弊后，决定动身返国。

张骞"凿空"

归途中，张骞为避开匈奴的控制区，改变了行军路线。计划通过青海羌人地区，以免遭匈奴人的阻留。于是，重越葱岭后，他们沿塔里木盆地南部，循昆仑山北麓的"南道"，进入羌人地区。令人出乎意料的是，羌人也已沦为匈奴的附庸，张骞等人再次被匈奴骑兵所俘，又扣留了一年多。

元朔三年（前126）初，军臣单于死了，其兄弟争当单于，张骞便趁匈奴内乱之机，带着自己的匈奴族妻和堂邑父，逃回长安，这是张骞第一次出使西域，历时十三年。出发时是100多人，回来时仅剩下张骞和堂邑父二人。虽然付出了高昂的代价，但从其产生的实际影响和所起的历史作用而言，无疑是巨大的成功，具有划时代的意义。

春秋以来，戎狄杂居泾渭之北，秦始皇北却戎狄，筑长城，以护中原，但其西界不过临洮。玉门之外的广阔西域，尚为我国政治文化势力所未及。张骞通使西域，使中国的影响直达葱岭东西。自此，不仅现今我国新疆同内地联系日益加强，而且中国同中亚、西亚以至南欧直接交往也密切起来。后人正是沿着张骞的足迹，走出了誉满全球的"丝绸之路"，张骞的"凿空"之功实不可没。况且，张骞还以政治经济的眼光对广阔的西域进行了实地的调查。他亲自访问位处新疆的各个

长安古道

小国和中亚的大宛、康居、大月氏和大夏诸国,并且从这些地方又初步了解到乌孙(巴尔喀什湖以南和伊犁河流域)、安息(即波斯,今伊朗)、身毒(即印度)等国的许多情况。回长安后,张骞将其见闻向汉武帝作了详细报告,对葱岭东西、中亚、西亚,以至印度诸国的位置、特产、人口、城市、兵力等,都作了说明。这个报告的基本内容被司马迁在《史记·大宛列传》中保存下来,是我国也是世界上对这些地区第一次最翔实可靠的记载,至今仍是世界各国研究上述国家的古地理和历史最珍贵的资料。

汉武帝对张骞这次出使西域的成果非常满意,特封张骞为太中大夫,授堂邑父为"奉使君",表彰他们的功绩。张骞出使西域获得的关于中原外部世界的丰富知识,在以后西汉王朝的政治、军事、外交活动和对匈奴战争中发挥了积极作用。比如,在张骞出使西域之前,汉代君臣还不知道在中国的西南方有身毒(即印度)的存在。张骞在大夏时,看到了四川的土产邛竹杖和蜀布。张骞敏锐地感到蜀地四川可能有通往身毒国(即印度)的捷径,他向汉武帝报告了这一情况,引起了汉王朝对西南四川、贵州、云南一带的高度重视,先后派使节前往联系,并在公元前111年,先后设立汶山、武都、益州、交趾等郡县,把西南正式纳入汉王朝版图。

张骞"凿空"

四

张骞通使西域返回长安后，凭借对西域的了解，直接参加了对匈奴的战争。元朔六年（前123）二月和四月，大将军卫青，两次出兵进攻匈奴，汉武帝命张骞以校尉从大将军出入漠北。当时，汉朝军队行进于千里塞外，在茫茫黄沙和无际草原中，给养相当困难。张骞发挥他有沙漠行军经验和丰富地理知识的优势，为汉朝军队作向导，指点行军路线。由于他"知水草处，军得以不乏"，保证了战争的胜利。事后论功行赏，汉武帝封张骞为"博望侯"。"博望"意味"取其能广博瞻望"。这是汉武帝对张骞博闻多见，才广识远的高度评价。

元狩二年（前121），张骞又奉命与"飞将军"李广，率军出右北平（今河北东北部地区），进击匈奴。李广率四千骑兵作先头部队，张骞将万骑殿后。结果李广孤军冒进，陷入匈奴左贤王四万骑兵的重围。李广率领部下苦战一昼夜，张骞兼程赶到，匈奴始解围而去。此战虽杀伤众多敌人，但李广所率士兵大部分牺牲，张骞的部队亦因过分疲劳，未能追击。朝廷论罪，李广功过两抵，张骞却以"后期"即没及时到达的罪名贬为庶人。

长安古道

两年后，汉武帝再次起用张骞联合乌孙（今伊犁河流域），武帝命张骞为中郎将，率三百人，马六百匹，牛羊金帛万数，浩浩荡荡第二次出使西域。此时匈奴势力已被逐出河西走廊，道路畅通。他到达乌孙后，请乌孙东返故地。乌孙王年老，不能作主，大臣都惧怕匈奴，又认为汉朝太远，不想移徙。张骞派遣副使分别赴大宛、康居、大月氏、安息、身毒、于阗、扜弥（今新疆于田克里雅河东）等国展开外交活动，足迹遍及中亚、西南亚各地，最远的使者到达地中海沿岸的罗马帝国和北非。元鼎二年（前115），乌孙王配备了翻译和向导，护送张骞回国，同行的还有数十名乌孙使者，这是西域人第一次到中原。乌孙王送给汉武帝数十匹好马，深得武帝欢心。武帝任命张骞为大行，负责接待各国使者和宾客。他所派遣的副使以后也陆续带了各国使者来到长安，汉和西域诸国建立了友好关系，出现"使者相望于道"的繁盛局面，为日后丝路的畅通以及把远比今日新疆更为广大的西域纳入汉王朝版图打下坚实基础。张骞出使西域的历史贡献也永载史册。

张骞去世后归葬故里城固。抗战时南迁汉中的西北联大历史系曾发掘张骞墓，发现有汉时信物与博望信印，与史载相符，系真墓无疑。1956年，张骞墓被列为陕西省重点文物保护单位；2006年，列为国家级重点文物保护单位；2014年6月，张骞墓列入世界遗产名录，成为世界文化遗产。

张骞"凿空"的价值没有因漫长的岁月失去光彩，而是随着中外交流的频繁展现出新的光彩，越来越被人们充分认知。张骞不畏艰险、勇于探求的精神应大力彰显和传承。近年，张骞陵地得到修葺，并建立起博物馆，其"凿空"西域的精神，将如同墓地旁森森的古柏，四季常青，永远昭启后人。

长 安 古 道

CHANG'AN GUDAO

黄河越天险

黄河越天险

一

丝绸之路从长安出发，穿越关陇临洮，皆有现成的驿道可资利用。沿途道路宽阔，驿站齐备。但一过临洮，经古河州（今临夏）便为当时边塞，与吐谷浑和吐蕃为邻，不时有战斗发生。"北斗七星高，哥舒夜带刀。至今窥牧马，不敢过临洮"，这是唐诗中的边关气氛。

不仅如此，我们知道，黄河发源于世界屋脊青藏高原，源头在青海省巴颜喀拉山的鄂陵湖、扎陵湖。亿万斯年消融的冰雪汇聚为淙淙的溪流，经过千湖之县玛多，沿途九曲回肠，汇纳百川，接纳了同样从青藏雪原，从祁连雪峰汇流的湟水、洮河、大通河、大夏河之后，成为一条浩浩荡荡的大河。这条巨流从青藏高原奔腾而下，每当夏秋，洪水暴涨，水势数倍于平时，巨浪翻滚，惊涛拍岸，吼声如雷，常吞没两岸田禾村落，活脱脱一条巨龙横在眼前，成为隔断青藏高原、河西走廊与中原的一道天险。如何渡过黄河？成为当时古人面临的一道难题。

多年来，在唐蕃古道与丝绸之路的踏访中，我先后到过临津渡、金城渡、虎豹口、蹬口渡、灵武渡，乃至于黄河源号称"黄河第一桥"的玛多渡口。寻访青海、甘肃、宁夏黄

长安古道

玛曲黄河第一挢

　　河上游古渡遗址的目的是探寻古人如何渡过黄河。

　　探寻中不乏疑虑，比如典籍与传统认定的临津古渡在甘肃积石山县大河家镇，但我却在一所高校学报上见着一位学者的论文，认定临津古渡在永靖县，该县老城已被刘家峡水库淹没。

　　2011年7月，我约了伙伴在探访黄河源之后，又赴刘家峡，巧遇渡口边长大的船工鲁师傅。这位自称伴着刘家峡水库修建度过半生的船工，对古渡口了如指掌。他开着电动机船，载着我们穿越烟波浩渺长达50千米的水面，一路感叹："淹没的不光是渡口、永靖老县城，还有两岸大片的好川地。小时候，地里种啥长啥，黄河淤泥地肥沃得很，长的黄河蜜瓜甜死人了！"鲁师傅的家也被淹没了，后退到了山梁上，他指给我们看半山腰上的村庄："地里不长庄稼了才找开船的事情干。"

当我们问及渡口，他指着一处尚未被水淹没的烽火台说："就在那下面，水淹没了。"

我们问："那就是临津古渡吗？"

"看咋说呢！"鲁师傅说，"这儿叫莲花台渡口，永靖老县城原来也在这里。永靖的渡口不止这一处，上面的炳灵寺还有炳灵渡，临津渡在上面的大河家，在水库上面没有淹，那是个古渡口，名气大，也就有人把这一带的渡口都叫临津渡了。"老人的话实在，还不乏哲理，耐人寻味，也更引起人探访古渡的兴趣。

二

今日，不要说大江大河，就是茫茫大海，人类也能以不断发展的科技力量征服，跨海大桥与海底隧道不时见于报

长安古道

刊。但黄河上游的大桥最早记载是明洪武年间在金城关（兰州）所修浮桥，碗口粗细的铁索飞架黄河，成为万里黄河第一桥。在当时条件下，历30年完工，取名镇远桥。明人徐兰撰写的《镇远桥记》对大桥建造有详细记载："造舟二十有八，常用二十有五，河涨则用其余广之。每舟相去一丈五尺，上流定以石鳖，如舟上加板，栏护两边以卫行者。桥南北岸各树铁桩一、木桩六，系铁索，大绳贯桥，令相属随波升降，贴若坦途。"400多年后，林则徐去新疆，过此桥的记载是"出西门过黄河浮桥。计二十四舟，系以铁索，复有集吉草巨梗联之，车马通行。此天下黄河之所无也"，仍与之相符合。镇远桥历明清两代，500年之久。

现存兰州中山黄河铁桥，为清政府1907年所建，铁桥曾在中华人民共和国成立后加固而沿用至今。但有学者据史料考证，在明代兰州镇远桥修建之前，西秦（405—418）曾在黄河上造过"飞桥"，地址是在古临津关，即黄河上游甘肃永靖县内，洮河与大夏河汇入黄河之前，借黄河水势较小，且两岸山势峭立，河道狭窄，两边均以巨石层层相叠相压，以缩短距离，最后用长木相连。具体桥形《许氏方域考证》中并无记载，只说"桥高五丈，三年乃就"。据《资治通

黄河越天险

黄河皮筏沿用至今

鉴》记载,唐中宗时,吐蕃在文成公主去世后,又向唐王室求婚。唐中宗把宗室女金城公主嫁于吐蕃赞普后,吐蕃贿赂镇守临洮的大将杨矩,要求把"黄河九曲"之地作为金城公主汤沐之地,并在临津关附近造桥,以便东西交往。

其实临津关作为黄河最古老的渡口,早在秦汉便被古人利用,估计渡口还不止一个点,而是这一段河流上都有。比如狭窄处可造桥渡河,开阔平缓地则可采用渡船和羊皮筏。

三

除了建桥渡过黄河之外，常用的办法，还有选择水流平缓地段，采用渡船过河。比如丝路北线六盘山到甘肃靖远后，便可乘船渡过黄河，直达武威，成为进入河西走廊最近的一条线路。另据多位红军将领回忆，1936年10月，红四方面军曾在甘肃靖远虎豹口以16只木船，历时5天，渡过2万多名红军健儿，在陈昌浩、徐向前领导下，开始气壮山河的西征，即彪炳史册的西路军。

民间传统渡过黄河多为羊皮筏子，羊皮筏作为一种独特的水上运输工具，历史悠久。据《后汉书》记载，汉代已有前往青海驻守的校尉带兵"缝革囊为船"；《宋史》记载更为仔细，"以羊皮为囊，吹气实之浮于水"。可见古人早就利用牛羊整皮经过加工，使之成为渡过天险黄河的工具。我在探访丝路时途经甘肃、宁夏、青海乃至西藏，曾目睹当地群众利用整张羊皮，晾干涂油防水，吹胀后利用浮力，连为排筏载人，在惊涛骇浪中渡过黄河。

羊皮筏看似简陋，实不简单，是西部群众为生存生活的伟大创举。世代居住在黄河上游的汉、藏、蒙古、撒拉等群众，既受黄河惠泽，又被巨流阻隔，两岸群众婚丧娶嫁，商贸游牧，不可能不往来。黄河上游多为游牧民族，牛羊为大宗出产。他们发现羊皮可以整张扒下，只要扎紧四肢和脖颈，吹胀后便有浮力，就地取材，在宰杀牛羊时采取"浑脱"，即尽量保持毛皮完整，以便充气利用浮力，渡人过河。但直接使用，毛皮易腐，难以持久。于是在实践中长期探索，积累了一整套制作羊皮筏的丰富经验，诞生出制作羊皮筏料的能工巧匠。黄河上游甘肃、宁夏、青海各地在制作羊皮筏上，工艺不同，各有所长。但有一项共同：那就是对于制筏所用羊皮严格选择，专挑秋高羊肥，皮亦丰厚时节，最好为体型高大的山羊，宰杀采取"浑脱"，不伤毛皮，然后拔毛除垢，经过晾干，加油盐防腐；隔年春天来临，日照充足，再给羊皮定型，扎紧四肢，涂抹油盐，充气为囊，然后晒干；至于连接羊皮囊的木材，也必选用柳木泡桐，柔韧耐泡且多浮力，扎框连接的羊皮囊常八个、十个不等，多为日常家用，能渡数人即可。以一人能背动为限，晚间背家妥存，用时再背至河边。一支皮筏若保养得当，用几十年甚至两代人都行。

至于锅庄商行，每年则有大宗黄河上游所产毛皮、药材、牛羊需运出，往往采用载货大筏，系用80~100个羊皮囊连接，由多个经验丰富的筏工掌撑，一次可载货数吨，从上

长安古道

青藏高原孕育了中华民族的母亲河——黄河

游贵德起航,近至兰州、白银,远则银川、河套,白天在黄河击水搏浪,晚上则靠岸餐饮歇息,一趟往返常达数月之久。在漫长岁月里,黄河羊皮筏工与大漠驼队马帮如同双子星座,共同谱写了西部丝路的辉煌,在老一辈西部人心中留下不可磨灭的印记。这种办法沿用至今,还成为一种旅游项目。

还有一种渡河的办法,即数九寒天,黄河结冰后,直接踏冰而过,当年文成公主一行就是这么渡过天险黄河的。史书虽无细载，却也披露了端倪。公元641年，吐蕃求婚大臣禄东赞已有往返长安与逻些（拉萨）的成功经验，建议隆冬时节出发，到达黄河时，已进入数九寒天，黄河注定结冰。大队人马踏坚冰而过天险黄河，岂不安全省事。踏冰过河，并非妄测，而是古已有之，北宋时期，金人铁骑多次趁黄河结冰，渡过黄河进犯中原。蒙古族土尔扈特部落史诗般的东归壮举中，也曾写到，明末游牧到帝俄境内伏尔加河流域的土尔扈特部落，由于不堪忍受帝俄的压榨盘剥，在首领渥巴锡汗率领下，于1771年隆冬时节，返回祖国。由于伏尔加河迟迟没有结冰，使7万多部众因无法渡河而滞留俄境。

在科技不发达的古代，大江大河构成的天险每每成为兵家成败的要素，西楚霸王项羽乌江自尽，太平天国骁将石达开兵败大渡河等。当然也有成功的范例，比如中国工农红军飞夺泸定桥、抢渡大渡河等。

四

但无论利用什么工具渡过天险黄河，选择渡口都十分重要。鉴于黄河从青藏高原奔腾而来，泥沙俱下，夏秋涨水，宛如巨龙难以制服，所以古人面对波涛汹涌的黄河，为征服巨龙，为交流沟通想尽办法，用尽心力，不知付出多少牺牲与辛

长安古道

劳,选择出便于驯水驶舟,架索修桥,能够行旅的渡口。这些渡口一方面要地处要津,沟连各方;另一方面又要开阔平缓,无险湾激流。自丝绸之路开通,在黄河上游必经的甘肃、宁夏、青海境内,古人寻觅开辟有多处渡口,有文字记载的便有临津渡、金城渡、虎豹口、五佛渡、灵武渡、浩门渡等多处。这其中,最古远也最有名者应为临津渡。这也因其所处位置决定,其渡口在甘肃积石山县境内大河家镇的大河村,地处通往青藏高原、河西走廊乃至新疆要冲,且又在黄河两大支流洮河与大夏河汇入黄河之前,一是上游来水较小且平缓开阔;二是无险滩激流,便于渡河。这些优越之处想必早被古人洞察和利用。

我在踏访丝绸之路时,曾多次思考过一个问题:对于《史记》记载霍去病于公元前121年,春秋两次"将万骑出陇西"大破匈奴,使千里河西归汉,这个重大的历史事件,史学界并无争议,但霍去病从哪过的黄河却让人生疑。万人万骑,无桥无船,况史书记载:"来去六日,驰骋数千里,如狂彪突进。"红军西路军两万多人仅渡河就用了五天。春秋时节,河不结冰,也无法踏冰而过。所以,当年霍去病只能选择较大支流尚未汇入黄河的上游,趁水势较小,直接涉水过河,进入青海境内，再沿大通河越祁连山，进入河西走廊，这样才有可能在六日之内"过祁连、抵焉支山"。突袭匈奴，夺得千里河西。俗语"马浮江，牛浮海"意思是牛马都有一定的涉水本能，若组织有序，选择河水平缓无激流的险滩，涉渡黄河是可行的办法。我在西藏博物馆看到一张骑兵骑马涉渡长江上游沱沱河的情景，图片上是1951年解放西藏时，西北军区骑兵团从青海方向进入西藏，从图片上看其河口水量不比黄河差。这证明了战马直接渡河的可能性。综上所述，霍去病当年渡过黄河的渡口，只能是临津渡。

五

这个推测得到了证实，一位曾在河西走廊驻军任过团职干部的文友，送我一本由原兰州军区编印的《西北历代战争汇编》，其中收入的战例就有霍去病两次河西之战，并画有进军路线示意图，赫然标明：公元前121年，霍去病万人万骑，正是从临津渡过黄河，沿大通河谷，经扁都口，穿越祁连山，采取突袭方式战胜匈奴。同年秋天，第二次进兵则从北地（今甘肃庆阳）出发，从宁夏境内的蹬口古渡过黄河，直扑今内蒙古境额济纳旗（即汉时古居延）再南下，采取迂回包围战术，一路横扫，至酒泉大获全胜，犒赏三军痛饮美

长安古道

酒，此亦是酒泉来历。

霍去病两次进军路线，我还真走了一下，2004年7月从大河家过黄河穿越祁连山，盛夏遭遇暴风雪，车坏祁连山，其焦灼至今铭心。2008年10月，从陕北走三边，经宁夏沿中蒙边境700千米的腾格里大沙漠，从早到晚，在夕阳的余晖中赶到额济纳，陶醉于胡杨林的欢乐至今难忘。也曾真切感受到2000多年前，霍去病这位天才将军选择的路线是何等智慧和出人意料，也真切感受到汉唐时期人们那种不惧困难、积极进取的豪情壮志。更值得庆幸的是，从那时起，中国西部偌大的疆土真正进入了祖国大家庭的怀抱。

另据《资治通鉴》和《隋书》记载，大业五年（609），隋炀帝"西巡河右，四月，至临津关，渡黄河至西平"。

这说明，从西汉起至隋朝，800年间，临津渡一直被作为黄河渡口并无变化。那么，距隋炀帝西行仅30年的文成公主远嫁，过黄河时也一定是临津渡，隆冬时节，利用河面结冰，大队人马踏冰而过，便可进入青海境内的民和、乐都，至西宁，这恰是唐蕃古道的必经之处。

1949年，王震将军率大军在此渡过黄河到达青海，之后

黄河越天险

又穿越祁连山进入河西走廊,解放河西四郡,一直打到新疆。62军进驻边城喀什,这恰是东汉名将班超驻地,我所敬重的作家杜鹏程全程参加了解放新疆的战役,在他的《战争日记》中有详细记载。

1988年,由国家投资在古老的临津渡修起一座飞架两岸的钢筋水泥大桥,沟通两岸,天堑真正变为通途。当年,这处渡过张骞的百人使团,霍去病万骑征讨大军,走过隋炀帝龙车凤辇,也走过文成公主远嫁车队的临津古渡,在完成使命之后,也跨进了历史的新纪元。

127

长 — 安 — 古 — 道

CHANG'AN GUDAO

褒斜道开通

褒斜道开通

从褒谷口远眺，此为北越秦岭之始

我们知道，在穿越秦巴大山的多条古道之中，褒斜道最具古道特点。这条古道因缘褒水、斜水得名。它的北口在关中眉县斜谷关，南口在汉中市北15千米处的褒谷，全长近250千米。离开秦岭南侧的古城汉中，沿褒水进入秦岭，一直走到源头，也就是今天太白县五里坡附近，褒河在那儿已完全是一条小溪。太白县地处整个秦岭山脊最为平缓的一段，可以说是一块高山平原，如今坐落着太白县城。由县城到斜谷需要下2.5千米左右的山坡，并不险峻，再沿斜水河谷

长安古道

褒河南口

斜谷风貌

褒斜道开通

出山，几乎不越一座高山，便可穿越天险秦岭，到达古都长安，充分体现了古人选道的智慧。

那么，褒斜道是何时开通的呢？蜀道专家郭荣章先生认为，史书记载褒姒生长于褒谷，方国有褒奉献周幽王。再是"武王伐纣，蜀亦从行"，都说明褒斜道已经被发现和使用，实际可能更早，应远在三皇之世，距今已有四五千年的历史。

褒斜道因最具古道特色，发现最早，使用时间最长，影响和规模最大，所以有"蜀道之始"的美誉。这条古道还有极光彩的一笔。南端出口山崖陡峭，壁立千仞，一河流水，奔腾湍急，成为古道一处障碍。司马迁在《史记》中说："栈道千里，无所不通，唯褒斜绾毂其口。"绾毂是指古代车辆的轮轴关键部位，即指褒谷口险峻，制约着千里蜀道。司马迁生活在西汉，距开凿褒谷石门还有200多年，所以如此形容。

东汉永平年间，汉明帝下诏，在谷口七盘山下用"火焚水激"之法开凿出一条长15米，高宽各约4米的穿山隧道。英国大不列颠百科全书记载，这是世界交通史上最早的通车隧道，是人类征服自然的空前壮举。在褒谷口刻石《大开

长安古道

褒斜道因缘褒斜二水得名，此为褒谷

通》中有记载，这方摩崖刻石全名《汉鄐君开通褒斜道刻石》，简称《大开通》。刻石长2.7米，宽2.2米，竖写16行，每行5~11个字不等，共159个字，现存97个字。为东汉永平九年（66）镌刻在陕西褒城县城（今勉县褒城镇）以北约1.5千米的古褒谷口石门以南崖壁上，是石门石刻中最早的一方摩崖刻石，也为全国现存东汉摩崖刻石中之最早者。这方刻石为典型汉代隶书，记录了时任汉中太守鄐君开通褒斜道的功绩。

且别小瞧这方刻石，它的诞生关乎着一部中国古代交

褒斜道开通

石门石刻已淹没于库区

通、邮驿、征伐、贸易的历史，更关乎着一部中国古代书法演变的信史以及古道、考古、金石等学科的兴衰与发展。

一条历史悠久的古道，一处领世界通车隧道之先的石门，自然会引起历代镇守使吏和往来文人墨客的高度重视，颂其畅通，咏其功勋者不可胜数，仅是镌刻于石门内外及附近山崖的石刻就多达100余块，其中汉魏十三品最为出名。汉代石刻即达8块，曹魏与北魏石刻各一，宋代石刻有三，构成我国从汉魏到唐宋的书法真迹，又成为研究汉字及书法演变与发展的信史。

133

长安古道

今日褒谷石门水库

所以,褒斜道石门石刻早在宋代便为古人珍视之物。女词人李清照的丈夫赵明诚在其《金石录》中曾收录多篇石门石刻;欧阳修、苏轼、文同、洪适等都曾热衷于此并留有文字;清代力主变革的康有为称《石门铭》为"书中仙品";清代学者杨守敬把石门石刻拓片带去日本,震撼了日本朝野,至今被日本书道院列为必修经典;我国最早出版的《辞海》二字便集取自《石门颂》;伟大的革命先驱孙中山先生也曾临摹过《石门铭》并说:"《石门铭》书法太好,我们今后还是提倡《石门铭》吧!"

褒斜道开通

辛亥革命元老、大书法家于右任数次到汉中，必摆渡过河，攀缘悬崖去瞻仰石门石刻，留恋不去，一次竟让随从置木板于石门，伴石刻睡眠一夜，并作诗：

朝临《石门铭》，暮写二十品。
辛苦集为联，夜夜泪湿枕。

这批珍贵石刻，与古栈道遗迹、石门隧洞、萧何堰故址融为一体，相互辉映，形成一座举世公认的艺术宝库，因在幽谷历两千年之久而基本无损。

1961年在首次文物普查后被公布为全国第一批重点文物保护单位。1962年陕西省人民委员会在褒谷口立碑，郑重公布：褒斜道石门及其摩崖石刻为第一批全国重点文物保护单位。不幸的是，20世纪60年代末兴修水利，在石门处兴筑大坝，虽经有识之士多方呼吁，终因动乱年月，无力保护文物。

坝址终未更改，石门隧洞，古道遗迹与绝大部分石刻尽皆淹没于浩渺大水之中，只是把珍稀的《汉魏石门十三品》抢救了出来。这十三品，即十三块重要石刻，依时代顺序为：

汉《鄐君开通褒斜道摩崖》，简称《大开通》

长安古道

汉《故司隶校尉犍为杨君颂》，简称《石门颂》

汉《右扶风丞李君通阁道摩崖》，简称《李君碑》

汉《杨淮、杨弼表记摩崖》，简称《杨淮表》

汉隶大字《"石虎"摩崖》

汉隶大字《"石门"摩崖》

汉隶大字《"衮雪"摩崖》

汉隶大字《"玉盆"摩崖》

曹魏《李苞通阁道摩崖》

北魏《石门铭》

南宋晏袤《鄐君开通褒斜道摩崖释文》

晏袤《释潘宗伯韩仲元李苞通阁道题名》

南宋《山河堰落成记》

仅从题目不难察其史料、书法诸般价值。无怪，20世纪80年代初，国家拨出专款兴建《石门十三品》专题展室后，顿时引起国内外学者广泛关注，从而揭开历史上第三次

褒斜道开通

石刻搬迁旧照

研究石门石刻的高潮（第一次在宋代，第二次在清代），连续在古城汉中召开四次石门石刻国际学术研讨会。同时，也引起大批国内外游客来古城汉中观光。

一个日本代表团参观完毕，车要开了，其中一位书法家提出："能不能再等几分钟？"获得同意后，这位日本人健步如飞，再进展室，他压根不曾想到自幼向往的"仙品"如今能见到实物，手抚着冰冷的石刻，眼中滚出了热泪……

1986年，日本书道院院长种谷扇舟参观完《石门十三品》，感慨万千，挥笔大书："汉中石门，日本之师。"

长安古道

曾在枪林弹雨中创作《长征组画》的中华人民共和国前文化部部长黄镇对《石门十三品》作了恰如其分的评价：国之瑰宝！

由天梯云栈构成的古老蜀道在数千年间，不仅沟通了中原与大西南的交往，还给我们留下了如此厚重的一份历史文化遗产。如果把《石门十三品》这批国宝比喻为一座艺术宝库，那么首开在石门摩崖刻石风气之先的便是《大开通》。它比石门石刻中的顶尖级作品《石门颂》早82年；比北魏才诞生的《石门铭》早近五个世纪；汉中市博物馆原副馆长、书法家王景元先生曾著文，称其为"汉上第一古石"。应该说《大开通》是石门石刻中地地道道的摩崖开山之作。

何为摩崖？就是把文字直接镌刻于山崖，与山体相连，且多镌刻于事发之地，石性坚硬，垂之久远又无法更改，是真史信史，起到"补史之阙，参史之错，详史之略，继史之无"的作用。

《大开通》整块摩崖宽高皆在两米以上，形制宏阔博大，这在汉代刻石中极为少见，一下就能让人感受到中国汉代那种囊括天地、气吞八荒的时代精神。再是，《大开通》的内容不仅仅局限于是当时的汉中太守受诏开通褒斜道的一时一事，而是由此及彼，生发开去，刻文把因何动工、修建何路、修建过程、具体项目、领衔者、主事者，及人工的来源、耗费的器材、钱粟都记载得一丝不苟。恭录如下：

> 永平六年，汉中郡以诏书受广汉、蜀郡、巴郡徒二千六百九十人开通褒斜道。太守钜鹿鄐君，部掾治级。王弘、史荀茂、张宇、韩岑第典功作，太守丞广汉杨显将陨用。始作桥阁六百二十三间，大桥五，为道二百五十八里。邮亭、驿置、徒司空、褒中县官寺并六十四所。凡用功七十六万六千八百余人，瓦卅六万九千八百四器，用钱百四十九万千四百余斛粟。九年四月成就，益州东至京师去就安稳。

应该说《大开通》为我们提供了一份中国古代的竣工报告，完整真实地记叙了东汉永平六年，汉中郡以朝廷的诏书接收了来自四川广汉、蜀郡、巴郡徒等地的刑徒（指服刑期的犯人）2600余人，修筑褒斜栈道。据《史记》载此道曾在汉武帝时，御史大夫张汤建议利用褒水漕运，因"石湍不可漕"却大规模整修了褒斜栈道。到东汉已过去100多年，自然需要修整。时任汉中太守的河北巨鹿人鄐君对这次修筑工程

长安古道

《大开通》拓片

亲自安排,署衙佐官广汉人杨显则统领王弘与负责监工的橡吏,监督实施。刻文平实记述,不虚妄,不夸张,唯一的赞美之辞是四个字:"去就安稳。"没有伟大、辉煌、空前绝后、改写历史等大话空话,也没有为朝廷及当事者歌功颂德,意在存真,不求虚妄,甚至连主事者汉中太守也仅存"鄐君"而不署名,古人古风,可见一斑。

更重要的是这篇竣工报告为秦蜀古道的形置、设施、里程首次有了详尽权威实录:"始作桥阁六百二十三间,大桥五,为道二百五十八里。邮亭、驿置、徒司空、褒中县官寺并六十四所。"近代多位蜀道专家正是依据这段记载,得出

褒斜道开通

"栈道五里一邮,十里一亭,三十里则设驿置"的结论;进而繁衍出:这些凌空飞架的栈道蜿蜒于崇山峻岭之间,湍流绿波之上,时而一廊,时而一阁,时而一亭,时而一驿,是何等的考究和华丽,又是多么神奇和壮美。无怪盛唐大诗人岑参走在这条宛若游龙的空中阁道上由衷地发出咏叹:

数公各游宦,千里皆辞家。
一笑忘羁旅,还如在京华。

但《大开通》刻石自东汉永平九年刻成后,并未引起学者注意。也是因为《大开通》并没有像《石门颂》《石门铭》一样镌刻于石门内壁,很集中地展示,而是镌刻于石门外100多米的山崖上,又无亭阁遮护,复被野草覆盖。直到南宋光宗绍熙五年(1194),才被时任南郑令临淄人晏袤发现。这也事出有因。早在楚汉相争时,刘邦任汉中王时,谋臣萧何便利用褒谷口水流落差,筑坝引水,灌溉沃野,留下古代水利工程惠及百代。但也难免遭洪水损毁,故历代都有修葺,而《大开通》刻石正是在修葺山河堰时才被发现。这段历史成为时任南郑令临淄人晏袤一段流传千古的佳话。在隋唐开启的开科取士后,凡做官者,无一个是从秀才、举人、进士一步步考上来,因此,卷面书写得公正整洁至关重要,几十年下来,差不多都成了书法家。只不过有的把书法当敲门砖,当官后便扔到一边;而有的人却终身喜好提笔便心血涌动,闲时更临帖不辍,成为真正的书法家。南郑令晏袤就恰属这类官员,既然是书法家,自然对石门石刻的价值十分了解,宋代文风鼎盛,石门石刻早受到赵明诚、李清照夫妇推崇。南郑令晏袤在石门石刻辖地为官,自然引为自豪,时时留心,《大开通》被他发现应是偶然中的必然。换个对书法没有兴趣的官员,只需修葺好水利工程便算忠于职守,哪会去管荒野的一块石头!

《大开通》被晏袤发现,还引发了另一方摩崖刻石的诞生。这便是被列入《石门十三品》中的《山河堰落成记》,此石以体量最大,形制恢宏,记叙简朴,且有存史价值著称。从石门搬迁至古汉台,因重达15吨而让搬运施工人员费尽心机。

晏袤在发现《大开通》后,就以行家眼光,对其苍茂浑朴的书风,大气开张的结体,起伏跌宕的笔法作出高度评价:"书法奇劲,古意有余。"可以看出《大开通》在晏袤心中地位之高,可谓崇敬备至。不定正是因为发现《大开通》,晏袤才产生在完成水利工程修葺之后,再以摩崖刻石以叙始末的念头。

所以他在起草《山河堰落成记》时，便一反宋代碑文在形式上讲究上下落款，在行文上注重辞藻华美的风尚，仅以135个字，便撮其要、摄其魂，言简意明地记述了修葺山河堰的过程，无疑是承继了《大开通》上的汉人古风，使得《大开通》简约备至、朴实无华之风得以发扬延续。

《大开通》碑石在中国书法发展演变方面，也有不可取代的价值。汉代在中国书法史上属鼎盛时期，之前，秦代朝廷官方文书以秦相李斯发明的篆书为主，上行下效，下层官吏及民间也以隶书为主。汉承秦制，最初也使用篆书。但篆书，无论大篆小篆均书写不易难以把控，而此时意在摆脱篆书烦锁笔画的隶书已在民间流行，由于节省笔画，使用方便，所以流布迅速，最终获得官方认可。连朝廷在起草诏书、政令、布告等官方文件时也广泛地使用隶书，使隶书成为汉代从官方到民间普遍使用的书体。也许当事者并没意识到，由篆书到隶书不仅是书写的演变，实际上极大地推动了中国文字的发展。《大开通》碑石为现存东汉石刻中最早的一种，是备有篆字笔法的隶书，无波磔，字形大小因摩崖凸凹不平而错落参差，反而形成别具一格的天然趣味，显得古意盎然。清代学者兼大书法家杨守敬评论《大开通》说："按其字体，长短广狭，参差不齐，天然古秀若石纹然，百代而下，无从模拟，此之谓神品。"清代学者翁方纲也评论《大开通》："至字画古劲，因石之势纵横长斜，纯以天机行之，此实未加波法之此，此实未加波法之汉隶也。"康有为《广艺舟双楫》云："隶中之篆也。"刘熙载《艺概》云："《开通褒斜道刻石》，隶之古也。"由于清代学者杨守敬把石门石刻拓本带到了日本，对日本书法界产生很大的影响，他们对《大开通》这种高古雄健的书风十分佩服。杨守敬也被尊为日本"书法之父"，许多日本友人近年还专程来汉中探访《大开通》原石，顶礼膜拜，不忍离去。还有书评家把类似的碑石归纳为"大开通类型"，可见《大开通》在中外文字与书法演变史上产生的"革命性"的影响。

近年，国家加大对文物的保护力度，对我国现存的古代石刻逐一查访，按照年代的远近、品位的高低、价值的轻重，分门别类列入不同等级的保护。全国摩崖石刻群中，汉中的褒斜道石门及其摩崖石刻早在1961年便被列为全国重点文保单位。《石门十三品》摩崖石刻中，被列入国家一级文物的有九品，"国宝级"文物有两品。这两品摩崖即是《大开通》与《石门颂》。

《大开通》的影响不仅在文体与书法界，由于这方摩崖诞生在中国古代沟通南北的褒斜道上，又与一处领世界通车隧道之先的石门紧密相关，所以就有辐射四方的文化象征意义。比如在古城汉中连续召开的四次蜀道暨石门石刻研讨会上，参会的日本代表团帽子上、手持的小旗上、悬挂在桌前的横幅上都用汉隶书写着"开通"二字，日本著名书法家渡边寒鸥还赋诗赞曰："蜀道摩崖古隶镌，苔中湮没二千年。何人笔意如岩罅，畅达神工连九天。"

大开通既是中国古代一条穿越秦巴大山古道的开通，一处领世界通车隧道之先的石门的开通，又何尝不是现代第一条穿越秦巴大山的川陕公路的开通，第一条穿越秦巴大山的宝成铁路的开通，当代穿越秦巴大山的西汉高速、十天高速、宝巴高速与西成高铁的大开通呢！

长一安一古一道

CHANG'AN GUDAO

子午道奇谋

子午道奇谋

秦蜀古道栈孔遗迹

一

在穿越秦岭的陈仓、褒斜、傥骆诸道中,子午道距长安最近,出秦岭山口30千米即到长安城下。子午道北起西安市长安区西南秦岭"子口",经宁陕至石泉县"午口",这条南北纵向,长约330千米的山道名子午谷,故称子午道。

《资治通鉴》记载:"子午:褒中县,属汉中郡,为王莽所通。"但东汉建和年间,镌刻于褒谷口摩崖刻石《石门颂》却记载:"高祖受命,兴于汉中,道由子午,出散入秦。"

长安古道

这就清楚表明,当年刘邦被项羽赶出关中前往汉中时,走的是子午道。此山口也距长安城东坝上那场充满杀机的鸿门饭局最近。以刘邦当时的仓皇心态,自然是躲避得越快越好。由子午道进入秦岭最为便捷,就无必要带数万兵马去走褒斜、傥骆诸古道。由此推测,子午道的开通就应是秦末汉初,推理应该更早,否则刘邦的数万人马就不可能"道由子午"到达汉中为王。《史记·高祖本纪》记:"从杜南入蚀中。"《史记集解》云:"蚀,入汉中谷道名。"杜,为秦之杜县,西安市南杜城。即由杜县之南进入秦岭前往汉中,而不是由周至之南进入骆谷,由眉县之南进入斜谷。古人严谨,不至妄语。刘邦"道由子午"到达汉中的可靠性远高于近世有学人主张的褒斜道。

不过,子午道出名,与三国时期蜀汉大将魏延为诸葛亮进献的一道奇谋相关,为后世留下争论不休的课题。公元228年诸葛亮首次北伐,汉中太守魏延提出由他率领五千精兵从子午谷快速到达长安城下,而孔明带主力从褒斜谷杀出,两路夹击,先取长安,咸阳以西也唾手可得。但诸葛亮用兵谨慎,没有采纳魏延奇谋,坚持向西迂回祁山,先取陇右,再夺关中,导致将帅失和,以至魏延日后被杀的悲剧。

子午道奇谋

古道多缘水穿越秦岭

此事并非出自小说《三国演义》，而是出自裴松之注《三国志·蜀书·刘彭廖李刘魏杨传》中的"魏略"。

撰写《三国志》的陈寿素有"史才"之称，选材严谨，因而此事在史料中的真实性毋庸置疑。问题出在诸葛亮对魏延进献的这道奇计所持态度，也就是拒绝的理由。一种说法是如史所载，兼及魏军统帅司马懿的看法："诸葛亮平生谨慎，未敢造次行事。若是吾用兵，先从子午谷径取长安，早得多时矣。他非无谋，但怕有失，不肯弄险。"

长安古道

另一说法是，魏延奇袭子午谷军事计划极有气魄，极为冒险，但也不能说是凭空捏造，还是有极大的操作性。但诸葛亮嫉贤妒能，怕魏延此计夺了头功，所以拒绝了这条出兵子午道的奇谋，以至错失了一次进攻关中，恢复汉室天下的良机。

二

提出从子午道突袭长安奇谋的是汉中太守魏延。魏延为何许人？据《三国志》载：魏延（？-234），字文长，义阳（今河南省信阳市）人。刘备占据荆州广招人才时，魏延带领手下多人加入蜀汉集团，率部随刘备入蜀。魏延不畏强敌，临阵英勇，屡立战功，被提拔为牙门将军，深受刘备信任。公元219年，刘备采用法正谋略，在与曹魏争夺汉中时，起用老将黄忠，定军山一战，攻其不备，黄忠刀劈曹将夏侯渊，为刘备夺取汉中立下头功。刘备也得到以马超领衔上报名义尚存的汉室朝廷，进位汉中王。但汉中不能与沃野千里的四川相比，刘备大军必将迁往成都，那么就需要一位能够独当一面的大将镇守军事重镇——汉中。因为汉中为蜀汉门户和前沿阵地，素有"若无汉中则无蜀"的说法。

这情形就好比建安十三年（208）赤壁之战后，曹操败退北还，军事重镇荆州则被曹、刘、孙三家瓜分。刘备虽然从孙权手中借得荆州，仍然很弱小。刘备要生存发展，只有如隆中决策所言，西取益川，但需要一员大将留守荆州，保护既得利益，亦是日后反攻基地。其时刘备选拔关羽镇守荆州，无论军功威望，还是与刘备关系及信赖程度，关羽都是不二人选。那么这次选拔汉中守将，几乎所有的人都认为无论军功威望，还是刘关张兄弟情谊，都"必在张飞"。连敌方曹魏谋士郭嘉都称赞："张飞、关羽者，万人之敌也。"是说在刘备军事集团中，除了关羽，没有谁能与张飞军功威望相比，那么镇守汉中的重任，连张飞也以为必定是"非己莫属"。

穿越秦岭的山路

长安古道

岂料，刘备却力排众议选拔归顺不久，军功、资历都远不能同张飞相比的魏延总督汉中，封镇远将军，领汉中太守。这个结局出人预料，真有点像高祖刘邦筑坛拜韩信为大将时"一军皆惊"的翻版。公布之日，刘备大会群臣，公开问魏延："今委卿以重任，卿居之欲云何？"魏延掷地有声，回答道："若曹操举天下之兵而来，我会为大王拒之；若是一员上将率十万之众来攻汉中，我为大王吞之。"魏延的气魄深得刘备拍手称赞。群臣也都为魏延的胆识叫好，"咸壮其言"，认为把汉中交给他可以放心。当然，大臣们主要是出自对刘备识拔将领眼光的信赖。

刘备自东汉末年（184）起兵，讨黄巾，战董卓，由兵不满三千、将不过关张，联孙抗曹，取得赤壁之胜，占据荆州，夺得四川，在群雄割据中脱颖而出，眼下又从曹操手中夺取汉中，可谓节节胜利。固然文有诸葛亮、法正等出谋，武有关羽、张飞、赵云等用命，但作为统帅刘备若无胆识心胸，知人善任，一切都无从谈起。刘备一生，阅人无数，在识别人才上留下"三顾茅庐"的千古佳话；日后"白帝托孤"更展示出刘备识人在诸葛亮之上的眼光。《三国志·马良传》记载，先主临薨谓亮曰："马谡言过其实，不可大用，君其察之！"诸葛亮却不以为然，首次北伐便把马谡这

子午道奇谋

了午古道

长安古道

样一个长于谋略短于实战的参谋,推到需独当一面的统帅位置,既造街亭之失,又致首次北伐全盘之输。诸葛亮这才想起刘备临终遗言,后悔不及,留下"错用马谡,痛失街亭"的千古教训。

那么,这次刘备提拔魏延总督军事要地,领汉中太守。选对了吗?要用事实说话。魏延担任守卫汉中重任后,针对汉中"四塞险要"又谷道畅通特点,敌方无论从陈仓、褒斜,还是傥骆、子午诸道进攻,都不足抵挡的现状,采取"围守"御敌之法。就是依据山形水势,在关键地方筑营盘,屯粮驻兵,若敌来犯,既能固守,又成掎角之势,相互支援。

魏延镇守汉中时期,正是蜀汉政权岌岌可危之时。建安二十四年(219),留守荆州的关羽在取得襄樊之胜后,麻痹大意,被东吴名将陆逊夺取荆州,关羽父子也被东吴杀害。其时,刘备刚称帝,怒不可遏,不听诸葛亮、赵云等老臣劝阻,集结文武,倾全国之力东征,结果夷陵被东吴陆逊击败。多事之秋,地处前沿的汉中随时有可能遭曹魏进攻,但是由于魏延采取"围守"御敌之法,守卫得当,使得曹魏不敢窥视,确保了蜀汉安全。直到魏延死后,延熙七年(244)

曹爽率十万大军进攻汉中，王平等人沿用魏延的镇守方针，采取"围守"御敌，成功击退了曹魏大军的进攻。这些均证明了先帝刘备识人的眼光，魏延才是镇守汉中的不二人选。

三

既然魏延如此了得，那么由他提出的"子午谷奇谋"为何遭诸葛亮拒绝了呢？如果采用，是否可以一举吞并关中，达成"还于旧都，匡复汉室"之愿。历史不好假设，但子午谷重要却不容忽视。

"百闻不如一见"，1991年9月上旬，我用三天时间，全程探寻穿越了子午道。事情得力于一位同样对古道热衷的朋友老范，他是褒谷口人，儿时便常在石门褒水中"衮雪""玉盆"等刻石边戏水摸鱼。及长，在颇有名气的褒城一中毕业，考进西安公路学院，毕业后分配在子午道南口石泉县交通局，从技术员、工程师干起，因"文革"期间钢材奇缺，他创造了用竹筋代替钢筋造桥，事迹上过《人民日报》，后来出任县、市交通局局长，又调任省交通厅任处长。我就是在老范任省交通厅处长时与他相约探寻子午道的。老范提供车辆和省交通志书、地图及食宿方便，早上8点准时从西安出发，出永宁门，沿长安路朝南驰去，天空瓦

长安古道

蓝，白云舒卷，秦岭仿佛近在眼前。经过杜曲时，我怀疑是否便为秦汉时的杜县？

目下这一带属西安市长安区管辖，不久便进入子午谷道。

清人毛凤枝著有《南山谷口考》，说"凡得谷口百有五十，尤其要者三十有一焉"。子午道便是在子午谷的基础上开辟，山谷是否进入"尤其要者三十有一焉"之列，有多项考量指标，比如山谷的长度是否开阔，是否有人烟村落，最重要的标志处是否形成溪水乃至河流。比如著名的褒斜道，南有褒水，北有斜水，都是不小的河流。子午谷建有一座水库。再往前行，河谷有溪水震响，也是前两天刚下过雨，溪水奔腾湍急，水量不小，可见子午谷名不虚传。

但是民国开辟的"西万公路"将出口移向子午峪西的沣峪口，溯谷而上行驶10多千米，即到子午谷与沣峪东侧支流的分水岭——土地梁，越梁顺沣水支流而下到喂子坪附近，即进入沣水河谷。可直通越秦岭正脊分水岭，进入属安康管辖的宁陕县沙沟街。再沿汉江支流洵水上源而下，经江口镇、大西沟，翻月河梁进入汉江另一支流池河流域。循池河南下，经胭脂坝、铁炉镇进入石泉县境池河镇。从池河镇折西北上马岭，过马岭关，经石磨铺到石泉县城。从石泉县城向西北，顺牛羊河到西乡县子午镇。沿西北方向绕汉江黄金峡大弯曲，经金水镇、酉水镇、龙亭等地，进入汉中平原，过洋县、城固而达汉中，全长约400千米。这次考察，两晚分别住在宁陕、石泉，之后又去安康。沿途观察山形水势，寻访栈孔遗迹，在西安市长安区子午镇至宁陕县江口镇段间有多处遗迹，以拐儿崖、红崖子最具特点。

拐儿崖有石梯路数十米，宽约1.5~2米。河中有巨石一块，刻正楷大字"兴隆碑"三字。据老范说《兴隆碑》石刻原在道侧石崖上，修简易公路时被炸落河边，须要保护和研究。另一处红崖子有用石片垒砌而成的近百米古道路面，而且有与之相连接的桥栈遗迹，显得珍贵。千佛崖有30余个壁孔和一段几米长的栈道遗迹，今仍可行人。

子午道制高点为平河梁，海拔高度达2679米，山高林密，不宜耕垦，居民极少。清代曾在陕南为官的学人严如煜在《三省边防备览》中描写子午道："数百里间古木丛篁，茂密蒙蔽。狐狸所居，豺狼所号，人烟零星，荒凉特甚，官吏视为畏途。"宁陕老城，清代设宁陕厅，筑五郎关，为军事戍守要地。现为宁陕县政府所在地。

据《大唐久典》记载，唐朝的驿站制度主要沿袭汉制，

长安古道

在全国各地被称为官道的主要交通线路上,每间隔30里设一处驿站。天宝年间,因杨贵妃嗜吃鲜荔枝,荔枝产于四川涪州,因而开辟"荔枝道"由涪州经镇巴、西乡、南子午镇沿汉子午道运往长安。荔枝娇嫩,不易保鲜,故在荔枝收获季节,驿马飞驰疾运。而从被学术界公认的"荔枝道"的基本情况来看,把采摘下的荔枝带叶密封于竹筒中,土法保鲜,装笼上马。20里一换人,60里一换马,紧鞭疾蹄,日行500里加急,四五天送到长安。这无疑印证了"妃嗜荔枝,必欲生致之,乃置驿传送,走数千里,味未变已至京师"。据《旧唐书》史料所载,从涪陵至长安,全程1000多千米的官道之说,丰富了晚唐诗人杜牧对荔枝道的描述:"长安回望绣成堆,山顶千门次第开。一骑红尘妃子笑,无人知是荔枝来。"这应该是子午道最繁盛的时期。

这次考察给我留下至深印象的是子午谷的曲折艰辛,攀登之苦远在褒斜道和陈仓道之上,子午谷多次利用更换河谷,便需多次盘旋上下越分水岭,造成道路曲折迂回,增加了攀登穿越难度。时至今日乘坐汽车,一些险段常需司机勇敢加技术,何况古道曲折摩天,士兵尚要携带武器供养,负重前行,食宿无着,即便十天半月穿越,人困马乏,依魏延计蜀军如何战胜以逸待劳的敌军,再攻克以坚固宏阔著称的汉长安古城，是大可怀疑的事情。

在历史长河中，有两次与子午道相关的战例可援引。

南宋时期，中原北方沦陷，秦岭成为双方拉锯战场，宋金之间先后在秦岭一线发生仙人关、大散关之战，金人皆未能得逞。金军为了夺取陕南重镇汉中，利用魏延"子午谷奇计"，延伸发展，屯兵长安，却声东击西，制造流言：要由子午道攻取汉中。南宋金州守将王彦信以为真，调兵抽将到子午道扼守。不料，金军却绕道商州沿武关古道，迂回进攻安康，连下汉阴、石泉，又向汉中进攻。南宋急调吴玠所部，与金军相遇于饶峰岭，苦战经旬，金军再次绕道偷袭，夺取洋州、汉中。这是利用子午道虚张声势，获得成功的一个战例。

另外一个和子午道相关战例发于现代，1936年冬，"西安事变"发生，蒋军嫡系51师时驻汉中。这支部队装备精良，训练有素，也即抗战时打出威风的王牌军74军前身。得知蒋介石被扣，深得蒋介石欣赏的王耀武急中生计：企图利用子午谷隐蔽奇袭东北军，给张学良一个下马威。但装备精良的51师，进入子午道后就被迫返回，原因："一是谷中环境太过险恶，无水源；二是行军途中得知西安事变已经和平解决，遂退军。"

可见，子午道也并非想象的那么好被利用。

四

公元228年，诸葛亮策划首次北伐，镇守汉中的魏延向诸葛亮贡献"子午道奇谋"。千百年间遭遇功败垂成的种种诟病。如果蜀汉真正依计出兵子午，一是子午道险峻，其时非官道，不设邮驿，粮草无补，意外丛生；另是曹魏未必就得不到消息和来不及布防，从司马懿以闪电战击败上庸孟达的事例看，肯定会在魏延行军途中就看破计划。因此，不用子午谷计，把"嫉贤妒能，怕魏延夺北伐头功"的说法怪罪诸葛亮欠妥。

退一步讲，诸葛亮固然谨慎，但并非无能无谋，他是一个思虑精密、部署严谨的人。因为这条计策胜算极低，风险极大。对远道而来的蜀军来说，绝非是战术上的最好选择。

古今中外战争，战略战术固然重要，比如二战时希特勒进攻波兰，闪击苏联，日本突袭珍珠港最初都取得了空前胜利，但任何战争最终都是综合国力的较量。三国时期从所占地盘、人口数目、经济总量、谋臣良将，蜀汉都最弱，无法单独战胜曹魏或孙吴任何一方。比如刘备举全国之力，征伐实力远不及曹魏的孙吴，尚且有陵夷之败，以白帝托孤告终。何况再面对综合实力远胜东吴的曹魏。

诸葛亮不管出于何种考虑没有采纳魏延的计划，他自己的计划看似十拿九稳，但是战场瞬息万变，也很难稳操胜券。从实际看，诸葛亮从公元228年到234年的5次北伐中，没有一次成功。即使是最接近成功的第一次北伐，但由于魏军的主力曹真、郭淮集团已经到达关中，即便马谡没有失守街亭，也会在陇右与魏军展开长期对峙，谁胜谁负，也难预测。一旦陷入这种局面，蜀军的弱点就会暴露无遗：从汉中到陇右的运输线过长，粮草不济，根本无法支撑长期作战，最终很可能与五次北伐结局一样，无功而返。

五

魏延一生荣辱起落皆与古道、汉中相关，尽管诸葛亮没有采纳魏延的"奇谋"，但两人并未交恶，魏延也多次随诸葛亮出征。建兴八年，曹魏司马懿率大军入寇蜀汉汉中地区，被蜀汉军队在正面挡住了进攻。魏延率一支偏师西入羌中，攻击曹魏凉州地区，魏延率领军队行至阳溪一带，遇到曹魏后将军费瑶、雍州刺史郭淮的大军，在敌强我弱的形势下，居然在阳溪破郭淮、费瑶等。获胜的魏延也因此被提拔为征西大将军，进封南郑侯。在汉中出将封侯，这是魏延一生光辉的顶峰。

但《三国志·魏延传》记载:"却是延每随亮出,辄欲请兵万人,与亮异道会于潼关,如韩信故事,亮制而不许。延常谓亮为怯,叹恨己才用之不尽。延既善养士卒,勇猛过人,又性矜高,当时皆避下之。唯杨仪不假借延,延以为至忿,有如水火。"

意思是在北伐中,魏延常要求独自带兵,独当一面,均遭诸葛亮拒绝,逐渐引起魏延不满,散布诋毁诸葛亮的言行,使诸葛亮不悦,从此对魏延则采取了加以制约的态度。魏延虽善养士卒,勇猛过人,但自视甚高,脾气暴躁,属下都让他三分,而时任参军的杨仪因北伐期间,尽职尽责,置办粮草,颇得诸葛亮信任,不把魏延放在眼里,二人如水火般互不相容。

魏延与杨仪的矛盾在最后一次北伐时爆发,这次北伐也是诸葛亮悲剧的高潮。诸葛亮病死五丈原后,魏延因不愿已受诸葛亮委托统领蜀军的杨仪所约束而于退军途中烧断著名的褒斜栈道,反攻杨仪,却因部属不服而败逃,被杨仪所遣的马岱所斩。

《三国志·魏延传》对冤杀魏延,起因始末也有详细记载，这段信史大意为：诸葛亮重病期间，对魏延已心生隔阂，虑他惹事，在商议安排后事时把魏延排斥在外，还采取防范措施"令延断后，姜维次之。若延或不从命，军便自发"。魏延、杨仪早已交恶。诸葛亮对两人相互制约，他偏把军队指挥权交与杨仪，魏、杨两人火拼便不可避免地发生了。倘若诸葛亮把军队的指挥权交与魏延，可能情况更糟糕。诸葛亮病逝，面对强大的魏军，蜀军当务之急已不是北伐，而是摆脱强敌，全身而退，才合乎情势。但在任务、目标、情势都发生重大变化的情况下，魏延却不顾大局，逞匹夫之勇，欲与魏军硬拼，其结局可想而知。

蜀军后撤过程中，魏延的举动的确乖张荒唐。首先是不听号令，拒绝断后；其二是意气用事，烧断栈道，为后撤蜀军制造障碍；更为嚣张的是魏延先抵汉中，竟丧心病狂，准备逆袭杨仪所率蜀军。魏延所作大逆不道，遭到部下坚决反对，众叛亲离，自己也被杨仪派去的马岱追杀而死："延士众知曲在延，莫为用命，军皆散，延独与其子数人逃亡奔汉中，仪遣马岱追斩之。"

1700年过去，历史硝烟散尽，几次蜀道的研讨会上，都有专家重提往事，认为魏延为蜀国屡建功勋，杨仪心胸狭窄，公报私仇，竟用反叛之罪杀掉魏延，实不应该。魏延有功有过，却无反叛之心，应该给他一公正的评价云云。

其实，纵观魏延一生所为，从投奔刘备，屡立战功，乱世年月，才能够发挥施展才能，自己也进将封侯，这已是一个武将最好的归宿。至于贡献"子午道奇谋"与诸葛亮、杨仪交恶，对错姑且不论，仅是诸葛亮病逝后，所犯三条罪行，古今中外，都是不可饶恕的杀头之罪。

六

汉中是魏延出将封侯，亦是命丧黄泉之地。所以在今天汉中市还有两处与魏延相关的历史遗存，仅做介绍：据《续修南郑县志》载，虎头桥"在北门外。虎头桥平地列数石，无沟渠，相传为蜀汉魏延死处"。早年北门外有古虎头桥，桥已不存，立有石碑一通，碑高2米，正中大写魏体楷书四字"古虎头桥"。形制宏伟，碑额有浮雕虎头，形象逼真生动。上款为"汉马岱斩魏延处"；下款为"中华民国二十二年七月重建"。说明前代有碑，毁后重立。

目下，北门外古虎头桥一带，已成市区中心广场。在文化、文物界的呼吁下，虎头桥遗址得以保存，立碑并加护栏，我曾多次带外地友人前往参观。可惜临街车流如潮，市声喧闹，很难有思古之情。

再一处是石马坡魏延墓遗址。清代《南郑县志》中有记载:"蜀汉南郑侯魏延墓,相传在北门外四里石马堰。有石马立田间,云是墓前故物。延固宿将,有战功,虽末路猖獗,身死族诛,蒋琬原其本意,但欲诛杀杨仪,不便背叛。当日追述前劳,必有以礼收葬之事。石马遗址,传之古世,未必无因。"

根据记载,魏延墓遗址应在汉中市北门外,早年为旷野,田畴连片。20世纪70年代汉中始有铁道贯通,修火车站时占

魏延墓前石马

用大片田地，其中应包括魏延墓遗址。好在原石马坡魏延墓前遗物一匹汉白玉圆雕石马，现存在汉中市博物馆。此马通高189厘米，背高125厘米，身长233厘米，宽55厘米。就其形制、体量、雕刻技法来看，与东汉末年三国时期石刻风格一致。在粗糙原石基础上，用简练刀法，刻出朴拙线条，追求神似，无意烦琐，于旷达中蕴精神，从造型上现生动，反而给人过目难忘之感。其形制、规格与魏延的身份相符，再是回眸历史长河，张骞之后，安汉之前汉中再无如魏延般青史留名的风云人物，故此石马视为魏延墓前遗物应无争议。

唯需明辨的是魏延既因罪获刑，何来厚葬之石马？

且看《三国志·杨仪传》记述："仪既领军还，又诛讨延，自以为功勋至大，宜当代亮秉政……而亮平生密指，以仪性狷狭，意在蒋琬，琬遂为尚书令、益州刺史。仪至，拜为中军师，无所统领，从容而已。……于是怨愤形于声色，叹诧之音发于五内。……又语祎曰：'往者丞相亡没之际，吾若举军以就魏氏，处世宁当落度如此邪！令人追悔不可复及。'密表其言。十三年，废仪为民，徙汉嘉郡。仪至徙处，复上书诽谤，辞指激切，遂下郡收仪。仪自杀，其妻子还蜀。"

意思是说杨仪受诸葛亮重托率蜀军完归，又杀了魏延，自以为功高，应接诸葛亮秉政。但诸葛亮对杨仪认识清楚，"以仪性狷狭，意在蒋琬"，把丞相要职授予蒋琬。引起杨仪不满，竟对费祎说："当初丞相亡故之时，我如果率军降魏，哪会而今天这般失落！真悔之不及呀。"费祎密报后主，杨仪被捕下狱后自杀。杨仪反叛之心，又证实以"反叛之罪"诛杀魏延应属冤案。因此，蒋琬执政时，为魏延以礼收葬，堆冢雕石。这便是汉中博物馆留有石马由来。

其实，这桩历史公案，陈寿在《三国志》中评价就极中肯："魏延以勇略任，杨仪以当官显。览其举措，迹其规矩，招祸取咎，无不自己也。"

意谓魏延以勇敢胜任武将的位置，杨仪也以高官显名。两人皆不安职守，不守本分，最后招祸取罪，原因全在自己，怨不得任何人。

其实，历史学的魅力也全在于此。

长一安一古一道

CHANG'AN GUDAO

陈仓道石鼓

陈仓道石鼓

陈仓道农家

陈仓道不仅因"明修栈道，暗度陈仓"的典故广为人知，还有光彩夺目的一笔，即我国有"石刻之祖"美誉的石鼓发现于陈仓山下。由于历代大学者韩愈、韦应物、欧阳修、苏东坡、康有为、郭沫若、马衡、唐兰等人的热忱关注，以至形成一门学科：石鼓学。

我对石鼓的关注始于对褒谷拓片世家的采写，因涉及拓印起始发端，有文字提及中国最早拓片便是石鼓文。其时为1996年前后，恰好任职汉中市文物管委会的尹博灵先生经多年研究，创作出版专著《石鼓文鉴赏》，应邀座谈研讨，聆

长安古道

听专家发言，再读各种专著，总算对"石刻之祖"石鼓及其铭文发现的时间背景、形制内容、社会影响以及在文物界的地位及其所经历的沧桑离乱并充满传奇的故事有所了解。

石鼓发现于1300多年前的唐代贞观初期（627），西秦有农民在陈仓山下耕作时发现了十个石墩，初看无奇，细观则大小相仿，皆通高二尺（约66厘米），直径约一尺（约33厘米），石墩圆而见方，中间微突，上细下粗，形如鼓状，鼓顶微圆，显非天生之物，而系人工作为。石鼓在宝鸡被发现绝非偶然，因在此之前就有许多重要历史人物、历史事件生发在宝鸡。这儿位于八百里秦川西部，原尽山围，南屏秦岭，北邻原坡，渭水横贯其间，是古代人类生息的理想环境。远古先民姜、姬、嬴三氏族生息繁衍于此。史传神农炎帝姜姓部落就是在西秦宝鸡起家壮大的，与轩辕黄帝部落联盟融合，形成华夏民族的先祖炎黄部落。我们常自称为炎黄子孙，宝鸡堪称中华民族的发祥地之一。

不仅如此，宝鸡还诞生了两支最早登上中国政治舞台的部族。周族以宝鸡的周原为家乡，创建了长达800年之久的周朝；秦人则以宝鸡千阳渭源为故土，创建了中国历史上第一个大一统的王朝。近年在宝鸡凤翔一带发掘的秦景公大墓也

陈仓道石鼓

证明了秦人乃华夏族，其中一个编磬上铭文"高阳有灵，四方以鼏"，帝颛顼号高阳，是黄帝的孙子，与《史记》上的记载一致。宝鸡既是关中京畿之地西部门户，又是丝绸之路西去必经孔道，再是联系西南川滇的蜀道，沟通宁夏、内蒙古的古回中道交会之地，堪称关陇锁钥、四通之地，历为兵家必争。

楚汉相争，创造"明修栈道，暗度陈仓"的经典战例。三国时期，蜀魏争夺汉中，曹操两次兵临陈仓，经大散关南下。日后诸葛亮伐魏，攻陈仓坚城不下退兵，最后一次在五丈原与魏军相持百日，病逝军中，留下火烧葫芦峪，秋风五丈原等遗迹。所以石鼓在陈仓山下发现，注定为前朝遗物，细看鼓体还有文字，消息传开，轰动朝野。其时，正值贞观初年，百废待兴，唐太宗雄心勃发，眼见一个政通人和的大治年代来临，发现石鼓，应为吉兆。太宗系书法大家，唐朝名臣虞世南、褚遂良、柳公权、颜真卿无不精于书体。石鼓显世，在唐代即成热门话题，书家、诗人进行多方研究。诗人韦应物在《石鼓歌》中称："刻石表功兮炜煌煌。"韩愈也称："镌功勒成告万世。"

麻烦的是因石鼓刻字无题款，不知具体年月。于是，历

长安古道

而师鼓　　　　　　　　　汧沔鼓

代众多学人依据石鼓形状、笔画字体、书写内容对诞生年代争论不休。位居"唐宋八大家"之首的韩愈及学人张怀瓘、窦臮等认为石鼓是周文王时代物。著有十卷本《韦江州集》的诗人韦应物认为石鼓是周宣王时代物。宋时文宗欧阳修著《石鼓跋尾》赞同韦应物说法,即石鼓是周宣王时所产。宋代词人、进士出身、曾任吏部尚书的程大昌却认为石鼓是周成王时代产物。另外,还有宋代郑樵著《通志略》中认为《石鼓》系先秦之物,应作于秦惠文王之后,秦始皇之前。清代学人震钧著文持秦文公时物说。曾任故宫博物院馆长马衡却持秦穆公时物说。马叙伦著《石鼓文疏记》与震钧持秦文公时物说一致。曾任中国科学院院长郭沫若著《石鼓》,

陈仓道石鼓

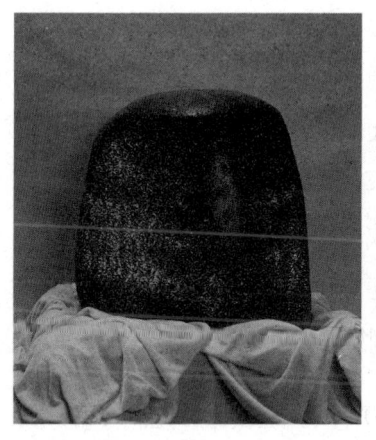

田车鼓　　　　　　　吾车鼓

考证石鼓诞生于秦襄公八年。考古学家罗振玉作有《石鼓文考释》其中观点和与唐时韦应物、韩愈说法接近。曾在西南联大任教、又在故宫任学术委员会主任的唐兰教授，系我国著名历史学家、古文字学家，他多年研究梳理，推出专著《石鼓年代考》，认为其刻石年代为秦献公十一年（前374）……

从以上争论不难发现，诸多学人大家在石鼓诞生年代或持不同看法，但较为一致的是从文字为篆体上判定为周秦遗物，毫无疑问是全国发现最早的刻石文字，石鼓获"石刻之祖"的美誉当之无愧。

因之前，古代铭文多在青铜器上发现，石鼓石刻文字发现尚属首次。它除了引发诞生年代之争外，刻石文字的艺术特色，文字反映的内容以及周秦时代的社会风貌等，犹如一座蕴蓄丰厚的文化富矿，故而引起韩愈、韦应物、程大昌、郑樵、震钧、郭沫若、唐兰、马衡等历代大学者的热忱关注，纷纷著文立说，以至形成一门跨越文物、文字、考古等诸多学科的显学：石鼓学。还有学者认为，十面鼓石就其蕴蓄的丰厚，应为"中华第一文物"。

十面鼓石从发现至今1300年间历经曲折，充满传奇。先是发现年代争论不休，续又对鼓上先秦文字、内容展开研究。石鼓是周秦遗物，石鼓文字自是周秦字体，周时遗留文字系青铜器铭文，故也称金文、钟鼎文。商周系青铜时代，青铜是铜和锡合金，诞生于4000年前的夏代。青铜多为礼器，鼎为代表；再是乐器，钟为代表，故青铜亦称"钟鼎"。周称铜为金，青铜器铭文就成"金文"或"吉金文字"。以钟鼎上为多，亦称"钟鼎文"。金文应用时间，始于商初，终于秦灭六国，共约1200年。各类铭刻青铜文字，据考古学家容庚所著《金文编》，共计3722个，已识别有2420个，尚有1302个字有待识别。

中国早期文字为篆书，有大篆、小篆之分。大篆指最早

陈仓道石鼓

的甲骨文、金文、籀文及春秋六国文字均系大篆，明显特征是象形文字。小篆为秦国通用，由大篆简化产生，形体齐整，比大篆容易书写。在中国文字史上，小篆是大篆向隶、楷之间的过渡性书体。从石鼓文形体细观，恰处于大篆向隶、楷过渡，承秦国书风，为小篆先声。石鼓文镌刻于花岗岩石，与青铜金文比较，有明显动感，更显生气。石鼓文比金文规范、严正，但仍留金文特征，并且，体态堂皇大度，圆活奔放，气质雄浑，刚柔相济，古茂道朴而有奔逸之气。有的结体对称平正，有的字参差错落，近小篆却无小篆拘谨。虽字字独立，又有上下左右的联系，笔力强劲在古文字中独树一帜，别具奇彩。

故而唐代书法家张怀瓘在对后世影响极大的《书断》中说："《石鼓文》开阖古文，畅其戚锐，但折直劲迅，有如铁针而端委旁逸又婉润焉。"元代国子监司业潘迪曾丹书制作《石鼓文音训》碑，碑额为篆字"石鼓文音训"，音训为楷书，后记为隶书。碑石两面刻字。音训的内容为《石鼓文》的释文、音义及宋人郑樵、施宿、王厚之、薛尚功等对石鼓的排序。潘迪曾说："石鼓文字画高古，非秦汉以下所及，而习篆籀者不可不宗也。迪自为诸生，往来鼓旁每抚玩弗忍去。距今才三十余年，昔之所存者今已磨灭数字。不知

长安古道

后今千百年所存,又何如也?"清代在政、学两界均享盛誉的康有为也称扬石鼓文:"如金钿委地,芝草团云,不烦整我,自有奇采。"

遗憾的是石鼓置旷野千年之久,风雨剥蚀,刻文多有残损,其中一鼓面上字迹已荡然无存。元代潘迪担心字迹磨失屡有发生,唐时已有石鼓文拓片,可惜失传。北宋欧阳修所藏拓本存465字,明代范氏《天一阁》藏宋拓本仅422字了。上海书画出版社《书法》1984年第三期,刊有石鼓文的宋拓影印本。

伴随对石鼓文诞生年代与书写文字的研究,书写内容也成研究对象。唐人发现鼓上镌刻文字四字一句,且有韵律,是四言诗篇,与《诗经》风格相似。所以也采用《诗经》取名之法,以石鼓诗篇前两字为十面石鼓取名,分别为《汧沔》《霝雨》《而师》《乍原》《吾水》《车工》《田车》《銮车》《吴人》《马薦》。

石鼓诗篇内容,多数学者认为赞美的是周秦故土,秦岭巍峨、周原广阔、渭水浩荡、沃土肥美、战车精良、马匹强健、渔猎丰盛、道路平坦、往返通畅等,也有学者认为诗篇内容是周秦王族田猎情景,故也称石鼓为"猎碣"。总之,

陈仓道石鼓

石鼓诗篇内容应是周秦先民生活的诗意描写,不仅文字承前启后,有刻石开创之功,内容亦恢宏优雅,堪与《诗经》比美。

随着研究深入,石鼓愈受重视。唐时,位居高官的文豪韩愈不仅写名篇《石鼓歌》,还提出石鼓应由国家保管。于是唐宪宗元和八年(813),石鼓迁雍城孔庙(凤翔)。惜唐之后,五代割据,石鼓散落民间。北宋时期,一代名臣范仲淹主持庆历新政时,恰司马光之父司马池任凤翔知府,使让其寻访散落石鼓。司马池知石鼓沉重,即便散落也在当地。经多方查访,竟然找回九面石鼓,仍有《乍原》鼓失踪。幸北宋有喜爱金石的向传师闻仍有一面石鼓失落,心有不甘,自费从开封到凤翔寻找,最终在一乡村屠夫家中找到,惜石鼓被削半截凿为臼窝,但总算完备。其时,诗人梅尧臣专门作诗记此事:"传至我朝一鼓亡,九鼓缺剥文失行。近人遇见安碓床,亡鼓作臼剜中央。心喜遗篆犹在傍,以臼易臼庸何伤。以石补空恐舂梁,神物会合居一方。"

北宋徽宗善画喜书,深知石鼓价值,不顾山川阻隔,命把石鼓运进东京开封存放,还对石鼓文字凹处填满金粉。岂料,又给石鼓带来一劫。"靖康之耻"发生,因石鼓填满金粉被金人掠到燕京。之后,金人被蒙古铁骑打败,剔去石鼓

长安古道

金粉抛弃在京郊废墟。冥冥之中,在元朝为御史大夫的世袭千户王　竟然是宝鸡人,见到故土瑰宝自会力挺,出面将石鼓移至大兴孔庙,后元仁宗又将其移大都国子监,历明清两代500多年幸无移动。

正应古训"国兴鼓安,国乱鼓迁"。

早在1931年"九一八"事变后,日寇并吞东三省,又不断西进觊觎华北,为防日寇劫掠,有识之士不断呼吁,1933年初,经过精选的故宫国宝便由北京启运南下上海、南京储放。抗战前夕,故宫文物又面临避开战乱,大批国宝再次迁徙,周秦遗物石鼓自在其中。据时任故宫博物院馆长马衡在著作中回忆,"十面石鼓因系周秦古物,一致要求迁护,惜石鼓太重,迁运过程车载船运,不可预料之事太多,为免鼓上字迹损坏,多方设法,有高人建议采用绵性十足之的高丽纸浸湿覆盖整个石鼓,再用棉花包裹石鼓,纸干后就会紧附石鼓,纸外再包棉被,用麻绳捆扎,如此几层外衣放进木箱之中,箱内挡用稻草塞严,箱外再包铁皮后封条。正是如此层层包裹,保证了历经战火,西渡黄河,几经辗转,石鼓也安然无恙。"

故宫文物分路南迁,装运石鼓的一路恰经发现之地宝

陈仓道石鼓

宝鸡大散谷川陕公路，石鼓沿此入川

鸡，也即古陈仓道起点。陈仓道是早在周秦时代便在自然踩踏、自然发现的基础上最早开发的穿越秦岭的古道之一。

抗战前夕，为防日寇模仿800年前蒙古铁骑越秦岭灭南宋的历史教训，中国政府于1934年由国家投资，抽调赵祖康、吴必治、张佐周等我国公路界元老，修筑了第一条穿越秦岭的川陕公路，使抗战军力深藏陕西汉中、四川腹地，故宫7000箱文物便由此路运往汉中妥藏。关中西部门户大散关就在陈仓道必经的大散岭上，成为"北不得此无以启梁州（汉中一带），南不得此无以图关中"的咽喉锁钥，也是历代南

长安古道

北势力争夺的要塞。当年汉高祖刘邦采用韩信"明修栈道，暗度陈仓"之策一举夺取关中，五载遂平天下。汉中褒谷《石门颂》有名句："高祖受命，兴于汉中，道由子午，出散入秦。"曹操亦有，"晨上散关山，此道当何难"！南宋时，宝鸡成为抗金前线，爱国将领吴玠、吴璘兄弟凭借秦岭天险，曾在和尚原、大散关一线多次大败金兵，险乎活捉金兵统帅金兀术，吓得金兵几十年不敢进犯。爱国诗人陆游曾襄赞军中，留下"楼船夜雪瓜洲渡，秋风铁马大散关"的千古绝唱。

唐大中四年（850），为利用陈仓道凤县境内百余里开阔河谷，并避褒谷上游临水之险，打通柴关岭，把陈仓与褒斜两条著名古道连接起来。之后两宋、明清皆沿用此道，被称为北栈或连云栈道。抗战前夕，所修第一条穿越秦巴的川陕公路基本沿用了此线。说明今人修路时所能思考的得失利害，1200年前的古人也已经思考到了。

川陕公路于1934年6月26日，由宝鸡渭河南岸施测，在杨家湾渡河，直指秦岭，揭开这场攻坚战的序幕，到1937年底全线完工通车，可直达四川成都。正好为此次含十面石鼓在内的故宫文物，及西北联大南迁汉中提供了支撑。据可靠史

陈仓道石鼓

料及当事人回忆,故宫文物共约7000箱在宝鸡装上卡车,沿刚修通的川陕公路翻越秦岭,其时为沙石路面,等级不高,路面也窄,凹凸不平,养护不及,十分难行。其间曾遭日机轰炸、道路中断、卡车侧翻等种种险情,但在故宫人舍命保护下,安全翻越秦岭,暂存汉中七个月之久,后又奉命转运四川,这批文物安抵四川乐山存放。抗战胜利,战火又起,国民党兵败撤台时,故宫南迁文物随同迁台。石鼓因太重才没运走,回迁北京。近年,石鼓发现之地宝鸡高仿十面石鼓,修九层高楼存放,已成宝鸡市地标建筑。

2018年,笔者与多位退休学人受汉中市文化与旅游局邀约,对全市境内不可移动文物进行调查。因陈仓道涉及宝鸡,趁便参观石鼓,其南迁曾暂存汉中,自然要目睹真颜,哪怕是仿品。

那天,雨后放晴,天蓝云白,陈仓大地一派清新。上午8点半,即去宝鸡市博物馆,成为9点开馆后最早的游客。首先参观石鼓楼,我们在一楼大厅轻步缓移,因十面仿真石鼓皆存放于此,漫步之间,只觉得嗓子眼发酸,莫名感动,沉浸于石鼓散发的光辉之中。我心中清楚,这正是有着"石刻之祖""中华第一文物"美誉的石鼓的魅力所致啊。

长-安-古-道

CHANG'AN GUDAO

远嫁开通衢

远嫁开通衢

一

公元618年，是中国历史上一个非同寻常的年份，这年，一个非同寻常的王朝建都长安，成为我们今天都为之自豪的唐朝。唐在近300年历史中，经济繁荣，文化昌盛，国力强大，声威远播，修有四通八达的驿道，设有水陆驿置1639所，不仅有沟通欧亚的丝绸之路，有穿越秦巴大山连接西南的秦蜀古道，还有一条通往雪域高原的官驿大道——举世闻名的唐蕃古道。

但这条事关民族团结与边陲安危的友谊之路的筑就却非易事。

唐武德九年（626），经历玄武门之变，八月九日，李世民在东宫显德殿登基称帝，是为唐太宗，改元贞观。唐太宗与贞观盛世是中华历史长河中最光彩夺目的一页，即便在千百年后的今天，依然受到中外人士的瞩目，称颂之声不绝于耳，研究学者代不乏人，贞观君臣施政要领被许多政治家借鉴，但贞观盛世非一蹴而就。当初，李世民面临的是一个百业凋零，百废待举的局面，历经隋末战乱，社会经济受到严重破坏，田地荒芜，人口锐减，据《贞观政要》卷二记载，当时，洛阳到山东"人烟断绝、鸡犬不闻，道路萧条，进退

长安古道

唐蕃古道旁的文成公主庙

摩天川藏线

艰阻"。不少农民仍被逼为盗，"亡命山泽"，社会动乱，亟待恢复。河北、山东、河南人口不足70万户，不及隋代七分之一。苟活群众缺衣少食，无力恢复生产，全国除巴蜀、江南稍平稳外，情况相同。另一方面，玄武门之变，李世民侥幸获胜，但李建成、李元吉多年党羽遍布朝野与全国各地，观时望局，伺机而动，埋有极大隐患。再是李渊虽退位，一批元老重臣仍手握权柄，如何处理父皇与原太子李建成、齐王李元吉的余党，成为摆在唐太宗面前一道刻不容缓的难题。

毕竟一代英主，出手就展示出胸襟与气度，兼听则明，年仅28岁的唐太宗听取尉迟敬德等大臣的建议，兼顾亲情孝道，让李渊仍居皇宫，过嫔妃群拥安乐的日子，至三年后李渊执意移居弘义宫，安抚了老辈元勋。对待太子余党，以诏书形式，发布大赦："自余党与，　无所向。"对有才能者，如魏徵、薛万彻，太宗更是亲自宽慰，委以重任，日后在贞观改革中，均因贡献杰出成为名臣。由于采取了宽大策略，京城和全国政局迅速稳定。

面对经济凋零，如何恢复生产，贞观元年六月，唐太宗与群臣研讨治国之策，提出为何周朝长久安定，秦虽统一却很短暂。太宗认为："周得天下，增修仁义，秦得天下，益尚诈力。"接受魏征提出顺应人心思治，对百姓实行"王道"。然而，就在贞观君臣齐心协力，开创空前盛世的前夜，在大唐帝国的西南，远横天边的一抹高耸的黛苍，却有一个叫吐蕃的民族崛起，成为唐王朝必须面对的一支不容忽视的势力。

二

公元6世纪初，青藏高原，小邦林立，寨堡遍布，由于奴隶制的发展，相互兼并，最后形成吐蕃、象雄、苏毗三个部落鼎立的局面。由于吐蕃地处西藏山南地区，河谷开阔，雨水较多，气候温暖，有优越的地理条件和稳定的农业基础，部落首领13岁的松赞干布，在大臣辅佐之下，组成一支忠勇善战的部队，平定高原多起内乱，兼并众多部落，统一了青藏高原，松赞干布成为受吐蕃臣民拥戴的国王。

之后，松赞干布放弃山南故地，带领王室贵族及军队，还有大批牛羊，浩浩荡荡地开进了四山环绕，由拉萨河滋润积淀的平原，开辟了新的家园。在平原突兀的红山上构筑宫殿，如同唐王朝建都长安，日后开创开元盛世一般，吐蕃建都拉萨也开启了雪域高原的新纪元。

《西藏通史》中说，松赞干布在位之时，正式确定了

远嫁开通衢

"吐蕃"这个名称为民族的称呼。吐蕃的名称按藏族藏学大师更敦群培的说法是：我们这个地区，在自己的语言中被称为蕃域，在地理位置为上方，吐蕃也就是上蕃，日后建立的王朝也就称吐蕃，史称吐蕃王朝。这个民族团结一致，智慧勇敢，将势力扩展到四方。松赞干布是眼界开阔，有政治远见的人物，他从相邻的廓尔喀（今尼泊尔）迎娶尺尊公主，改奉土苯教为普度众生的佛教，他派大臣到印度，创造古代藏族文字。他对于有着悠久历史的中原十分仰慕，采取热情欢迎，努力仿效的态度，并大胆引进汉族先进的经济、文化来发展吐蕃的生产。

《汉藏史集》记载松赞干布仿唐王朝典制与军事组织，进行行政区划，他吸纳各种意见，把吐蕃划分为四"茹"，再划分若干千户，设立禁军，在马匹身上彩绘条纹区别军队。引溪水进池塘，用水渠灌溉农田，把山上居民迁到河谷，开垦平川为耕地，划分田界。统一划定升、斗、称等量具。把小邦和游牧人群全部纳入治下，百姓纷纷来归，平安康乐。吐蕃强盛时期，约40万兵力。《新唐书》记载吐蕃"胜兵数十万"，日后吐蕃在大非川战胜唐代名将薛仁贵率领十万唐兵，绝非偶然。

我国历史地理学的开创者和奠基人谭其骧院士在《历史

长安古道

上的中国和中国历代疆域》中阐明了一种大历史观，他认为，"从18世纪50年代到19世纪40年代鸦片战争以前这个时期的中国版图作为我们历史时期中国的范围。在这个范围内活动的民族，我们都认为是中国史上的民族；在这个范围所建立的政权，我们都认为是中国史上的政权"。用这种大历史观来看公元6世纪初，在中华大地上崛起的两个生机勃勃的政权，一个是中原内陆中心，建都长安的大唐帝国；一个在气势磅礴的青藏高原，拉萨河谷建立的吐蕃王朝，都处于朝气蓬勃的上升阶段，开疆拓域，辐射四方，这两个王朝的交往是必然的，也是不可避免的。事实是在唐王朝的近300年历史中，经历了盛唐、中唐、晚唐三个时期，这三个时期与吐蕃王朝的盛期、中期、晚期大体相当。更有意思的是，唐帝国的君主李世民，吐蕃王朝的赞普松赞干布，都已被历史证明并公认为雄才大略，建树丰厚的一代英主。这两位英主尽管在世时间相差较大，李世民（598—649）寿51岁。松赞干布（617—650）寿34岁。但执政时间却几乎是同时：公元626年，28岁的唐太宗登基，在位23年，开创了被称颂千载的贞观盛世。仅隔3年，公元629年，13岁的松赞干布登上赞普王位，执政21年，统一青藏高原，创建强盛的吐蕃王朝。中华大地为两位英雄君主施展抱负、开创业绩提供了广阔天地，他们之间的交往也成为中国历史上的精彩华章。载入史册的双方使臣来往共191次，其中唐使吐蕃66次，吐蕃使唐125次。双方还共同努力，踩踏出一条汉藏交好，民族团结的和平友谊之路——唐蕃古道。不过有趣的是最初的来往不是通商交好，而是兵戎交葛。

三

根据史料中可推断出，在长安与青藏高原之间应有古代先民自然踩踏而开创的道路，从长安到青海河湟汉代就有驿道相通。《汉书》载名将赵充国驻河湟，距长安900千米，向朝廷奏报军情，七天就得到指令。说明长安到河湟间驿道畅通，驿力充足。至于河湟与西藏，由"逐水草而居"的民族在游牧中踩踏出道路则很正常。

西藏卡若遗址出土的石器与陶罐明显带着甘肃马家窑、齐家文化的特点，说明古道开启相当久远，可以上溯6000年前的新石器时代。从吐蕃多次遣使向唐求婚来看，唐初就存在一条可靠通畅的路线。在唐蕃之间由求婚到通婚，由交兵到交好，驰驿奔诏，设置驿站，才使唐蕃之间的道路更加规范和畅通。

唐蕃古道从唐都长安出发，穿越秦陇河湟，登上中国西部农牧业分界线青海日月山，经玛多、玉树境内的江河之

长安古道

源,越唐古拉山口,经藏北那曲、当雄,最终到达雪域圣城拉萨。跨越今陕西、甘肃、青海、西藏四个省区,全程约3000千米。之后,还曾延伸到印度与尼泊尔,商贸往来,十分繁荣,所以有专家称其为丝路南线。千百年来,这条被视为汉藏交好民族团结的和平友谊之路,生发的初衷却是一场战争。战场非长安,而是在遥远的边城松潘。

松潘位于川西高原,是一座名副其实的古城,有暗苍高大的城墙,巍峨高耸的城楼。城外是白雪皑皑的山峰,城边有奔腾湍急的岷江,更把这座高原古城衬托得无比雄奇,无比壮丽。

走进松潘,首先让你惊讶古城竟保存得如此完好。城墙根基由巨大条石砌就,墙体为黄土筑就青砖砌衬,严丝合缝,随着地形山势蜿蜒,数百年风雨侵蚀,墙体凹凸不平,杂草、小树从砖缝中蔓生,更平添了一份厚重与沧桑感。

沿着拱形城门进去,两扇厚重大门历数百年而无腐蚀,足见修建之结实。据说松潘城修筑达60年,信不虚传。穿越深达15米的城门洞,给人进入院落的感觉,安全感油然而生。环顾四周高山激流,回首历史漫长岁月,会觉得古城修得恰到好处,十分必要。

远嫁开通衢

事实的确如此，松潘地处四川、甘肃、青海三省交界，是青藏高原、甘陇进入四川必经之处，历史上游牧民族吐蕃、党项、鲜卑及蒙古铁骑都曾由此入侵川西平原。所以汉唐以来，中原王朝均重视松潘防务，设关卡，驻精兵，不敢稍事懈怠。从北周天和元年起，即公元566年，就在此设县级治所。

《新唐书》贞观八年，松赞干布出于对中原文明的推崇，派使者前往唐王朝求婚，经过松潘，不想却被守卫松潘官兵扣押。松赞干布一怒之下，亲率20万大军进犯唐境。松潘守将韩威开始轻敌，没有把吐蕃军队放在眼里。不想，双方交兵，吐蕃士兵敢冲敢打，奋力拼杀，唐军大败，只能坚守待援。吐蕃军队乘机在边境劫掠。这引起了唐王朝对吐蕃实力的重视，唐太宗亲自点将，选派能征善战的大将侯君集为弥道行营大总管，右领军大将军执失思力为白兰道行军总管，左武卫将军牛进达为阔水道行军总管，右领军将刘兰为洮河道行军总管，四路大军共率五万步骑，浩浩荡荡迎击吐蕃。这也是唐帝国与吐蕃王朝首次大战，双方投入兵力近30万，方圆数十里，营盘森严，战旗轻拂流云，马蹄叩击大地，双方都摩拳擦掌，志在必胜。

因吐蕃先胜一仗，心存麻痹。唐军侯君集巡查吐蕃，见其势众，不宜力战，只可智取，命骁勇善战的牛进达为先锋，率领精锐骑兵夜袭吐蕃大营，其余几路兵马，举火擂鼓，呐喊助威，吐蕃毫无防范，被唐军冲进营帐奋勇砍杀，斩杀千余人。这是吐蕃崛起后遭受首次惨败，其首领见唐军士气高涨，勇不可当，引兵退回高原。吐蕃王廷深感唐军严整，凛然难犯，唐境田亩相望，俨然大国，越发希望联姻，乃派大臣禄东赞使唐谢罪，献金五千两，骏马千匹，再次郑重求婚。不打不相识，富于政治远见的唐太宗审时度势，也感到吐蕃雄踞青藏高原，民性剽悍，不容忽视，应化干戈为玉帛，和睦交好。

于是应允藏王松赞干布的求婚请求，把李唐王朝文成公主嫁予松赞干布，谱写了一曲汉藏和睦的千古佳话。松潘雪山激流，青松草地都因此永驻光彩。

四

唐蕃古道开启，汉藏联姻并交好，这段流传千古的佳话，涵盖着丰富的历史内容，展示唐太宗李世民的胸襟气度和远见卓识，吐蕃首领松赞干布的才情英气和豪爽挚著，也是两个王朝创建之初国情局势所决定，可以说是一种历史的必然选择。

历史选择了一代英主李世民。但唐太宗即位不到二十天，占据北方的突厥颉利可汗竟率铁骑十万进击到距长安城仅四十里的渭水岸边，威胁京都，情势何等危急！李世民虽年仅28岁，但历经出生入死的战役，宫廷斗争的权谋，历练得十分成熟。他沉着冷静，见到突厥兵马虽多却杂乱不整，断定不是有备而来，不过是想趁唐王朝政局变动，自己立足未稳，前来勒索钱财。他亲自到阵前观看，审时度势，一方面部署军队，一方面仅带数骑，亲自与颉利可汗在渭水边会谈，结果虽然拿出不少金银绢匹财物赠予突厥，却避免了战争，获得休息养生机会。

唐初，对中原王朝造成威胁的不仅有突厥，还有西部的吐蕃与吐谷浑。这些游牧民族占据着马背上优势，来去迅速，如同秦汉时期匈奴，屡犯中原，史称"边患"。唐蕃松潘交战，虽未让吐蕃得逞，但却使太宗看清从青藏高原崛起的吐蕃是一支不容忽视的力量，与其兵戎交恶，不如联姻交好，"一女子可顶甲兵十万，何乐不为"！

当时，吐蕃的情况是松赞干布荡平群雄，统一雪域，弃

长安古道

山南而迁逻些（今拉萨），虽占天地之利，但新朝初立，百废待兴。需交好邻邦，稳定图强，他首先向隔喜马拉雅山相邻的泥婆罗国（今尼泊尔）求婚通好，迎娶尺尊公主入藏。接着，他又向唐王朝求娶公主，尽管发生松潘之战，但不打不相识，他不屈不挠，再次求婚。这次，松赞干布选派的求婚大臣是禄东赞，这在藏区是位家喻户晓的传奇人物，被视藏族群众智慧的化身，禄东赞是汉译名字，藏语直称他噶尔东赞，是松赞干布最得力的四位大臣之一。

他建策在吐蕃建立军政合一的制度。他丈量土地，建立了赋税，把土地分给贫民所有，初步理顺行政与经济制度。禄东赞在西藏很有威望，他聪明机智有谋略，精通政治和军事，是吐蕃时代的传奇人物，其影响力如同汉地诸葛亮，无人不知。

松赞干布数次派遣他办和亲外交，先到尼泊尔，迎娶回尼泊尔公主，再到汉地，迎娶回文成公主。按《红史》第十三章的说法，丙申年（636）禄东赞从拉萨出发往唐都长安请婚。那么他这第一次入唐，是在贞观八年（634）之后两年，而后在贞观十五年（641）正月到长安的迎亲是其第二次入唐。

远嫁开通衢

开元二十一年（733）所立"定蕃汉两界碑"的碑文中有"往日贞观十年，初通和好，远迎文成公主入蕃"，所指正是这禄东赞第一次入唐求亲，与《红史》第十三章所说丙申年禄东赞从拉萨出发往唐都长安请婚一致。他这位求婚大使的才华风度，以正在崛起的吐蕃实力为后盾，不辱王命，替藏王娶回唐王室公主，提高了刚统一了青藏高原的吐蕃的地位，扩大了影响力。

因禄东赞聪明机智，所以唐太宗有意把琅琊公主外孙女嫁给他为妻，《新唐书·吐蕃传上》记称他："始入朝，占对合旨，太宗擢拜右卫大将军，以琅琊公主外孙妻之。禄东赞自言：'先臣为聘妇，不敢奉诏。且赞普未谒公主，陪臣敢辞！'帝异其言，然欲怀以恩，不听也。"

史书上还记贞观末太宗伐辽东还，遣禄东赞带金鹅来贺之事，那是禄东赞第三次入唐，与唐太宗想许配琅琊公主外孙女给他可能是同时发生的事，否则，禄东赞就应四次往返唐蕃古道了。

松赞干布死后，噶尔东赞又担任芒松芒赞辅政十五年。并在芒松芒赞在位九年（658），又一次即第四次或第五次前

长安古道

【唐】步辇图
描绘唐太宗接待吐蕃使臣禄东赞的情景

远嫁开通衢

往唐地。无疑禄东赞是唐蕃古道开辟之初，跋涉最勤的一位使臣。正是他这样不断奔波，促进了藏汉之间的友好往来。

《新唐书·吐蕃传上》称："东赞不知书而性明毅，用兵有节制，吐蕃倚之，遂为强国。"他维持了唐蕃的友好关系。晚年的禄东赞担任守护大臣之职，先后在吐谷浑住了六年，在突厥住了一年。唐高宗乾封二年（667），他从吐谷浑返回西藏的路途中，病死森塔地方。禄东赞去世后，一直受到藏区群众的怀念，各种书籍和壁画中都有他的身影。藏王墓前和文成公主的塑像前都塑有禄东赞像，这也是体现了对他在唐蕃友好上做出贡献的一种褒扬。

这次，以大臣禄东赞为首的求婚使者在长安城中受到盛情接待，唐太宗应允将皇室宗女文成公主嫁予吐蕃王子松赞干布，还演义出一宗六难婚使的佳话。

唐太宗为松赞干布选中的宗室公主叫李雪雁，时年15岁。唐时早婚，近年考古专家从永泰公主墓的遗存骨骼中查清墓主死于难产。史书记载，永泰公主成婚时年仅13岁，盆骨尚未发育成熟之故。所以，15岁已是婚配年纪，作为皇室亲女，从小受到良好的教育，知书达理，聪明活泼。关键那时并无程朱理学束缚思想，压制人性。李唐王室世居北方关陇，史书明确记载有鲜卑血统，有粗犷豪放的血性。虽为皇室，并不看重礼教，王室公主自由、开放，踏青游猎，骑马打球在唐诗唐画中比比皆是，故六难婚使这样充满戏剧性的佳话并非空穴来风。

六难婚使的情节是这样：当时吐蕃、突厥、吐谷浑同时向唐王朝求娶公主，唐王朝为考察各国使臣，也添喜庆色彩，出题六道，答对者方可迎娶公主。六道难题为：一、将彩线穿过九曲明珠；二、辨认百匹母马与马驹的母子关系；三、百名婚使一日内喝完100坛酒，吃完100只羊，再把羊皮揉好；四、一样粗细的一百根木头分出根与梢；五、夜晚进入唐宫看完歌舞演出回去时不能迷路；六、从300名穿戴一样的宫女中认出公主。这六大难题确真难煞了突厥与吐谷浑婚使，但却被吐蕃婚使一一破解：利用蚂蚁携带丝线穿越了九曲明珠；母马与马驹分开一夜，不予喂奶，一旦合群，马驹会自找母亲；喝酒、吃肉、揉羊皮是吐蕃人拿手好戏，根本难不倒；木头根梢则用湖水区分，下沉为根，飘浮为梢；夜晚进宫先做路标自然不会迷路；事先打听出公主特征也就不难辨认。

婚试结束，唐王室上下都看出吐蕃人的沉着、智慧与积极进取，大臣如此，王子也一定干练机敏。太宗龙颜大悦，当场允婚。唐蕃由交兵对阵转换为翁婿亲家，也由此开启汉藏千年交好的通衢——唐蕃古道。

五

公元641年，派江夏王李道宗为国舅与护亲专使，专程护送文成公主远嫁吐蕃。这是有史以来首次由中原王朝政府派往雪域高原的专使队伍，对唐蕃古道开辟有划时代的意义。这次入藏，有以江夏王李道宗为首的朝廷大员，还有大批卫队、侍女、工匠、艺人和大量绸缎、典籍、医书、粮食等陪嫁物品。队伍庞大，物品丰厚。

据《吐蕃王朝世袭明鉴》记载，有释迦佛像、珍宝、金玉书橱、360卷经卷，各种金玉饰物，又给多种烹饪食物，各种花纹图案的锦缎垫被，卜筮经典300种，识别善恶的明鉴，营造与工技著作60种，治病药方100种，医学论著4种，诊断法5种，医疗器械6种，还携带各种谷物和芜菁种子等。由这些记载不难看出，唐王朝远嫁的不仅是公主，还把中原先进的文化、医疗、农业、科技远输边陲，从经济和文化上给吐

位于果洛州玛多县的柏海迎亲滩（松赞干布迎亲的地方）

蕃切实的帮助，惠及最广大的民众，使吐蕃朝野上下在潜移默化中感激和追随大唐，以真正达到化干戈为玉帛，保障边境稳定，才能使贞观长治久安收到实效。

文成公主贞观十五年（641）进藏，永隆元年（680）去世，在西藏整整生活了40年，她曾设计和协助建造大昭寺和小昭寺。再是同去的大批卫队、侍女、工匠、艺人们也没有返回中原，留在雪域高原，把耕种、碾磨、纺织、制陶、造纸、酿酒等工艺技术传播到藏区；文成公主带去的诗文、农书、佛经、史书、医典、历法对吐蕃文化的建立、促进起到了不可估量的作用。文成公主带去的金质释迦佛像至今供在大昭寺中，深受藏族同胞崇敬，从那时起雪域高原便与中原内地有了不可分割的血脉关系。

文成公主入藏，对吐蕃朝野文化经济生活都带来了巨大的影响，并惠泽后世，也使吐蕃对唐王朝先进发达的文化科技十分仰慕。在文成公主去世后，吐蕃王朝于神龙三年（707）再次向唐王朝求婚。唐王朝也从联姻中看到汉藏和睦带来的安定升平气象，唐中宗选定金城公主入藏联姻，金城公主更具李唐王室血统，其父为雍王李守礼，其祖父为章怀太子李贤，即唐高宗与武则天亲生之第六子，亦是当朝皇帝中宗之兄。所以这次远嫁规格更高，也更隆重，不仅有大量丝绸、金银、谷物、典籍陪嫁，大批侍女、工匠、艺人陪伴，还亲自送到始平县（兴平）。据《新唐书》载，"帐饮、引群臣及虏使者宴，酒所、帝悲啼嘘欷，为赦始平县罪死皆免，赐民徭赋一年，改县为金城，乡曰凤池，里曰怆别"。再命左卫大将军杨矩持节杖护送金城公主入藏。

金城公主在吐蕃生活了30年，和文成公主一样，把内地的文化、科技、耕种技术、医疗带进了雪域高原，为唐蕃和睦相处做了不懈努力与贡献。这期间，双方使臣来往频繁，仅史书记载便有191次之多，至于民间的通商、通婚、贸易就更加频繁，唐蕃古道也作为唐代以来中原内地通往雪域高原的通衢大道而载入史册。

长─安─古─道

CHANG'AN GUDAO

路遥知马力

路遥知马力

一

汉唐时代是大融合、大发展的时代，处处标新立异，事事气吞八荒；汉唐时代均以博大的胸襟海纳百川，不仅自身发展壮大，其文明之光都曾彪炳史册，惠泽中外。对汉唐人来讲，西域的陌生与遥远，西域的风沙与冰雪，西域的艰难与险阻，不仅没有成为阻力与障碍，反而因神秘遥远而充满诱惑，其戈壁和绿洲，边关和名城，长河与落日，乃至于胡人胡风，胡乐胡舞。"胡姬招素手，延客醉金樽"，都使汉唐人对遥远的西域充满向往和憧憬。

不管汉唐时代的人是如何不畏艰难、积极进取、开拓丝路、沟通欧亚的，他们都面临一道无法回避的难题：西域遥远，如何到达？他们凭借的是什么样的道路和交通工具？倘若今日出行，纵然万里之遥，有公路、铁路相通，只需乘坐汽车、火车乃至飞机，穿越东西半球也只在昼夜之间。但在古代即使有驿道相通，也绝非易事。手边几则史料，便能说明问题：东汉名将班超，坐镇西陲，守护边关达三十个春秋，由于路途遥远，其间不曾也无法回家，70岁时才要求返乡。他在《求代还疏》中说："臣不敢望到酒泉郡，但愿生入玉门关。"最后以71岁高龄荣归故里，不久即在洛阳辞

长安古道

三彩载乐骆驼俑将胡人乐舞的舞台设置在骆驼背上,生动活泼,是丝绸之路上各国间文化交往、融合的见证。

世。仅仅百余年前,林则徐流放新疆,由儿子陪同,雇用牛车10辆,乘马3匹,从西安出发,沿丝绸古道,走了整整4个半月。再是20世纪40年代,蒙藏委员会委员长吴忠信代表国民政府,进藏主持十四世达赖喇嘛认定与坐床仪式,时值抗战,交通不便,竟绕道印度,加之需英帝签证,前后历时四个月,才到达拉萨。那么,当初汉唐人开辟丝绸之路,古道初开,并无驿站,衣食住宿,必备物品,是依靠什么来解决的

路遥知马力

秦时明月汉时关

呢？从多种史料记载看：最初只能依靠马力。只是在丝路繁盛，商队大量出现时才开始使用负重且适应长途跋涉的骆驼。

公元前138年，张骞首次出使西域，手持汉节，率领百人使团，乘骑和驮运物品，全部用马。所以古代对马力的重视，需要我们抛开现代交通工具，设身处地替古人着想才能理解。张骞尽管没有完成联系大月氏共同对敌的使命，返回后却向汉武帝提供了不少关于良马的信息，其中最重要的便是大宛国（今乌兹别克斯坦）所产的汗血马："多善马，马汗血，其先天马子也。"还提供了乌孙（今伊犁）有好马的信息："乌孙多马，其富人至有四五千匹马。"这些信息产生的直接后果是，为索取大宛汗血马，汉武帝竟派大将李广利两次出征大宛，不仅使汉王朝"得乌孙好马，名曰天马。及得大宛汗血马，益壮。更名乌孙马曰西极，名大宛马曰天马"。这次为马发动的战争，不仅打通了西域通道，还获取了大批良马，出现"天子好宛马，使者相望于道"的气象。

事实上，没有适应西域的环境气候，且能够负重远行的充足马力，开辟丝绸之路就是一句空话。无论张骞、班超、霍去病、李广利、法显、玄奘远涉西域，无论乘骑，还是载物，大量使用的只能是马。

早在汉代，伏波将军马援说过："行天莫如龙，行地莫如马。马者，甲兵之本，国之大用。"所以，古代历史上关于马的记载多不胜数。公元640年，唐太宗应允把皇室女儿文成公主嫁于吐蕃王子松赞干布，尽管吐蕃使臣一再催促，但直到公元641年隆冬方才启程，关键是进入藏区的准备工作十分复杂，不仅选择使臣、卫士、侍女、工匠，还需把大批谷物、书籍、丝绸、器物带入遥远的雪域高原，选择车辆、驿马都十分麻烦。

路遥知马力

20世纪50年代初,西北军区范明将军,接受中央任务,护送十世班禅进藏,在周总理亲自安排下,用几个月时间准备,采购骡马5000余匹,驮牛6000多头,骆驼1600多峰,雇用甘青一带有经验民工1200人,还为班禅组建一支400人的民族武装,从西宁启程,前后历时4个多月才到达拉萨,途中遭遇种种艰辛,惊心动魄。范明将军回忆进入黄河源第一天,就被沼泽夺去20多人生命,驮马损失400多头……

那么,当年文成公主进藏,雪域高原,遥远神秘,古道初开,物品繁多,怎样护送公主安全抵达逻些(拉萨)乃是大唐王朝必须认真对待的问题。

考虑到大唐开国初期,国力远非日后那般强盛,占据北方与西北的东西突厥还处于敌对状态,能够远足的骆驼,皆不在唐境,再是唐太宗马上夺得天下,视良马为知己,对伴他征战的六匹战马,曾亲写《六马图赞》,可见对马无比欣赏信赖。所以有理由相信,当年文成公主进藏,无论乘骑,无论载物,大量使用的只能是马,我们也有必要对马,这个和人类相处几千年的伙伴有深入的认识和了解。

二

我一直对马有种深深的敬意,觉得马是一种力量、威武

长安古道

唐陵石马彰显马力

和健美的化身，看见马就感到亲切和愉悦。

儿时，我曾在西安西关八家巷住过，那是20世纪50年代初期，当时西安市郊许多运输还靠骡马。八家巷附近就有一家骡马运输公司，有几十挂大车，近百头骡马，早出晚归，场景十分壮观。早上，太阳出来，朝霞一片红时，披挂停当的大车便要出发。一夜歇息,加之吃饱喝足,这时骡马都分外精神,耳朵竖立,鬃毛直摆,昂头嘶鸣,毛皮闪着光亮,尾巴也甩着,十分威风。

每挂大车常由一匹身材高大的骡子驾辕,四匹马拉梢。讲究的车把式还讲求选用毛色相同的马来拉车,一色白马,一色黑马,一色红马。出车时,车把式分外精神,带红缨花的长鞭在空中抽得山响,却永远不会落到骡马身上。吆喝也极响亮,一脸的矜持和自得。记得有个麻脸光头壮汉,每见到我们这伙看热闹的孩子,故意把长长的鞭梢劈头打来,清脆响亮的鞭声在头顶炸响,孩子们便吓得捂起耳朵,四散跑开,直到整个马车大队消失在巷口,腾起的尘土消散才高兴地回家。

这一天心里便满满的。也有这样的时候,早上睡失了觉,眼睛一睁,天已大亮,想着看骡马,一轱辘爬起来,跑到骡马店看时,马车早已出发,偌大的场地空落落,唯见零乱的马蹄车印,一时呆站在那里,心都空了。

稍长,进学校读书后,读《西游记》《三国演义》,最崇拜的便是战马伴随的英雄。关云长千里走单骑,过五关,斩六将;赵子龙大战长坂坡,六进七出;赤兔宝刀,白龙长枪，乘风而来，呼啸而去，铁蹄叩击大地，嘶声震裂长空，直杀得曹兵心惊胆战，天昏地暗。关于马的一切，满足了我少年时代的猎奇和梦幻的想象。

三

之后，对马的兴趣一直没有削减。

有位文友，在西北农学院学过兽医，毕业后分配至河西走廊山丹军马场，一干十多年，人到中年才回到故乡。我们聊天的主要内容是谈马。他堪称一位识马专家，对马的起源、种群、习性、耐力、毛皮、速度，还有马的忠诚、马的智慧、马的勇敢、马的情感、马的坚强，无一不懂，无一不能讲出一大套理论和一长串故事。

我多次怂恿他写出来，像写人一样写马，价值意义肯定非同一般。他却因政务缠身，解嘲说退休后再写吧。

我的所有关于马的知识都是从这位朋友处获得，而且在我多次丝路与草原之行中派上用场，不仅学会辨认河曲马、蒙古马、伊犁马、山丹马和西南川马，还能在旅途中对同伴大谈马的各种习性。

马非常坚强，即使母马也是如此，怀孕后照样干活，没

路遥知马力

在草原生活外出全靠马力

经验的人根本看不出来，临产时也能忍受巨大的痛苦，一声不吭，临产前才卧倒，很快生下马驹，便又站立起来。有些母马干脆站立着"扑通"一声生下小马驹。小马驹一生下来就能站立起来。母马见到小马驹的第一眼不是爱抚，而是在马驹背后发出"突"的一声，惊得小马驹本能地做出奔跑的动作，这样就能记忆终生。

马的智慧和忠诚在动物世界中也堪称之最。在人类数千年的征战史上，马始终是出征将士最忠诚最可靠的伙伴。"出师之要，全资马力"，古代马匹在战争中的重要不亚于今日战争中的坦克和装甲车。生活在草原上的游牧民族，之所以能先后建立起回纥、金、西夏、瓦剌等割据政权，乃至曾统一全国的元和清政权，在很大程度上也是占据了马上优势。

一代天骄成吉思汗之所以能横扫欧亚，大军攻占伏尔加河流域，直逼莫斯科城下，没有马的速度、马的耐力、马的坚强和忠诚，是不可想象的事情。史书常说"蒙古铁骑"，把勇士与战马并列，十分深刻，也十分准确和到位。

四

应该相信，在漫长的岁月中，汉族聚居生活的中原内陆，深受先秦诸子、孔孟儒家文化淫浸熏陶，能够诞生深厚精博的秦陇文化、湘楚文化、巴蜀文化、燕赵文化、吴越文化等有地域特色的文化种群。那么，辽阔的草原也一定会产生同样精深博大的草原文化、游牧文化。可以推测这种文化的支柱注定是骏马，不可能是绵羊和牦牛。草原民族一定会对马的习性、马的驯养、马的使用，积累起丰厚的经验，了解得无比深透，以便在关键时刻把马的作用，马的威力发挥到极致。

每一片草原，每一个部落，都会诞生出色的牧人和勇敢的骑手，都会有识别名马、良马、千里马的伯乐。每一次战

路遥知马力

争都会诞生关于马的无比动人的故事。在矢箭如雨、杀声震天的战场，马总是和勇士一起勇往直前，永不后退。倘若主人中箭落马，马决不逃亡，一定把生还的可能留给主人。马会冒着危险，坚守在主人身边，甚至还有特别聪明的战马会躺倒装死，掩护主人，等敌人过去，再救护主人。

马讲义气，喂熟的马绝不会轻易离开故主。马无夜草不壮，在草原上牧马人总要在黄昏放马，马则自由地去吃夜草，但一定会在日出之前回到主人放它的地方，十分准时守信。马若易主，会伤心流泪，但末了则会听从主人和命运的安排，一定要看见故主把缰绳交给新的主人，才会跟新主人走。否则，又踢又咬，绝不从命。

最让人肃然起敬的是马对伦理道德的信奉和遵守。人类饲养牲畜历史悠久，几乎和农耕同时诞生。牛、马、羊、鸡、狗、猪并称六畜。六畜是概数，其实远不止于此，骡、驴、鸭、鹅不下几十种，但唯独马讲究伦理。

草原上，马常是分群喂养，一般20匹左右一群，也有百十匹一群，但其中又有若干单位。一群马中，小母马一旦个头长高，公马就会赶它离开，要不就又踢又咬。对小公马也是这样，母马会主动赶它走。小公马耍赖也不行，母马决不

长安古道

再认它。

有经验的牧人都知道,这是马怕乱伦,及早采取的防范措施,从制度上加以保障。凡是公马母马要赶走的儿女,牧人一定要分群,把它们归入别的马群。这在整个动物世界独一无二,绝无仅有,甚至通人性的牛、狗、猫都做不到。

马还非常讲究原则,坚持公理。一群马中,除了未成年的马驹子外,只能有一匹公马承担对整体马群的带路、守护、寻草、觅水等职责。这一切都很规律守时,压根不需牧人操心。别的马离群跑来,公马会又踢又咬,包括单独跑来的母马,也不接受,非要赶它回到原来的马群。

马是义畜,和主人生活久了会有感情。尤其是那些老马,在预感到自己将不久于世时,会对主人流泪,表示依恋。马的死也很悲壮,即使是疾病缠身、卧地不起的病马,也要站立起来,绝不失威,直到生命最后一刻,才轰然倒下,十分悲壮感人。所以马死了很少有人剥皮吃肉,都深深掩埋,以示怀念。

五

正因为马如此义气尊贵,古今中外文学艺术作品写马、

路遥知马力

表现马、歌颂马的多不胜数。汉武帝喜爱西域所产汗血良马，不惜遣使万里求索。唐太宗则把伴他征战的六匹骏马刻为石雕，置于陵前，生死相伴，这便是闻名于世的昭陵六骏。古典戏剧中的《火焰驹》《红鬃烈马》，新时期文学中有张承志的《黑骏马》、张贤亮的《牧马人》等，都是以马为主人公，可见，马在人们心目中的地位是高于其他牲畜的。

法国第一大报《世界报》曾以整版篇幅刊登中国摄影家陈宝生拍的一幅奔马。《欧洲时报》对这幅照片评论说：

昭陵六骏之拳毛䯄

长安古道

"这是一匹中国马，风驰电掣，摄影追风，仿佛要冲破画面，奔向天涯……"

我一直对马深怀敬意，因河西走廊至今还有全国最大的军马基地，所以，在考察丝路中，也把去马场列入计划。可惜几次都阴差阳错，失之交臂，不是向导突然有事，就是又被突如其来的事打断。甚至有次没有向导，我们也独自前往，已经到了山丹马场总部，却被告知马群都到高山夏牧场去了，海拔四五千米，并不通车路，看着近在眼前的祁连山，实在不甘心，硬着头皮沿着简易公路又前进十几公里，不想突然下雨，海拔已超过3千米，气温骤然下降，无奈只好返回，但总算看见零散放牧在山坡的三五成群的马。山丹马体形高大，腰细腿长，通体匀称，剽悍骏美，兼有驮、挽、乘骑多种功能，几匹枣红、赭黄的骏马，在一望无垠碧绿滴翠的大草原上一边安详啃草，一边甩动长尾，真正是天地之间的精灵，看着很让人过瘾。考察丝路，每到武威，必去雷台参观铜奔马，并花费千元购置两尊原大"马踏飞燕"置于案头，时时观赏，对这对艺术品百看不厌。

我曾先后去过青藏、内蒙古、宁夏、新疆、四川和甘南草原，除了考察草原丝路，领略草原的辽阔和神奇之外，还

路遥知马力

极想就近逼真地观赏草原精灵——骏马的威风和精神。尽管，在这些草原上都曾见过我国所产的主要马种蒙古马、伊犁马、山丹马、河曲马和西南川马，但只在青海草原和甘南玛曲草原见到较大的马群，悠闲地吃草。

在草原上领略过一次骏马的风采是在青海。恰是在唐蕃古道必经的日月山下的倒淌河，我们驻足在一处帐篷宾馆前歇息，四周便是漫天碧绿的草场，散布着白色的羊群。我正遗憾没有骏马，突然见远处天边奔驰过来一个黑点，我估计是马，连忙取出相机，镜头盖尚未打开，那马已冲到跟前。一位黑壮的藏族小伙骑着匹栗黄色的高头大马，马的肌肉隆起打着响鼻，冒着热气，真有股龙马精神。藏族骑手与接待我们的朋友相识，特地赶来问有事没有，朋友说没有，那骑手翻身上马，一抖缰绳，转瞬工夫，人与马便消失在草原尽头。正是因为有这些阅历，有对马的认识和了解，见识过骏马驰骋草原时无与伦比的风采，我才深信，路遥知马力，以大唐的声望与国力，当年完全能够组建一支由勇士和美女、骏马与华车构成的彩旗飘扬、乐声不绝的出嫁队伍，不仅留下唐蕃交好的千年佳话，也踏出一条传播和平和友谊的唐蕃古道。

长─安─古─道

CHANG'AN GUDAO

运河通西市

运河通西市

中外学者一致认为：丝绸之路起于公元前2世纪的西汉，繁盛在公元六七世纪的唐代。是什么原因，让这条长达6440千米的商贸大道兴盛千年之久？这个问题一直让各国学者探究不已。其实简单，比如西部若无储量巨大的天然气田，便谈不上"西气东送"，若无汉水流域汇聚丹江口近300亿立方清泉，"南水北调"也无从谈起。同样，在中华五千年的文明史上若无强汉盛唐，若无锦天绣地的汉唐长安"郁货山积"以及与黄金等价，让人眼花缭乱的丝绸，丝绸之路的历史也许会改写。且让我们撩开历史的面纱，到当年声播欧亚的大唐西市去徜徉，去领略万里丝路起点的风采和魅力。

一

我们知道，唐长安城是当时世界上最大的都市，人口超过百万（罗马当时人口10万），市区面积达84平方千米，被多条横竖有序、宽阔笔直的大街严谨地区划为108坊。城中设有东西二市，这便是买"东西"一词的由来。东市为国内市场，西市为国际市场，也即丝路起点。两市各占两坊之地。对西市考古实测大致为正方形，南北和东西长度均为1051米，面积为1平方千米，几乎相当于被列为世界历史文化遗产的丽江与凤凰古城，如此规模巨大的市场即使在今日也堪称

221

长安古道

大唐西市古玩市场

是"巨无霸"。实际上,大唐西市在长达三个世纪的岁月中,是当时世界上最大的自由贸易港。从史料和西市考古挖出物证得知,西市几乎包容了当时世界上流通的所有商品,各种载满货物的驼队车辆川流不息,不同国家不同肤色的商人摩肩接踵,店铺林立,商幡招展,货物堆积如山。各种店铺与货物杂而不乱,整个市场规划严谨有序,市内设"井"字形街道,分为几区,每区四面临街,容纳相近的行业。据文献记载,进驻西市的有220行之多,4万多家,分为邸、店、肆、铺、行等。如酒肆、茶肆、肉肆、书肆,珠宝店、瓷器店、蜡烛店、银器店,绢行、帛行、衣行、药行、铁行,再是竹木市、骡马市、家禽市、劳力市、奴婢市,西亚商人聚集的街坊叫波斯邸、回鹘邸、大食邸等,还有占卜者、卖药人、杂戏艺人,多不胜数,所谓"四方珍奇,皆所积集"。大唐西市的规模之大和货物之盛,已无法再现,只能凭典籍去想象。《新唐书》记载,公元843年,东市大火,烧毁"曹门以西十二行四千余家",西市规模远胜东市,仅是来自波斯、西亚、日本、越南的商人便达三万多人,西市商品几乎传播到世界主要国家。罗马人把欧洲金币带到西市采购丝绸和瓷器;西亚商人翘着胡子,赶着骆驼运来香料和银器、铜器,再带走茶叶和锦缎;东亚地区的日本、朝鲜和越南则尽力采购各种典籍和医药,回去创造他们的文字,修

长安古道

京杭大运河俯瞰图

建仿唐宫殿。盛唐时期的大唐西市真正辐射四方，万国来朝，唐乾陵至今矗立着61尊外国使臣的雕像，代表着61个国家。如此巨大的市场，如山般堆积众多的商品，在古代没有像现代的火车、汽车、轮船等大型快速的运输工具，是用什么样的办法集中到大唐西市来的呢？

二

不用担心，经千年城市建设的汉唐古都长安已积累了丰富的经验，早在西周，建都镐京时，便有"前朝后市"的规定，把市场规划在宫廷的后面，足见重视的程度。长安作为全国中心，必然要修筑四通八达的驿道把京都省府与边城远地勾连起来，政令方能下达，赋税才能集中，国家才能统一。

汉代不但开通丝绸之路，还在隔绝中原与大西南的秦巴大山中开凿栈道，即李白咏叹的蜀道，使"玺书交驰于斜谷之南，玉帛践乎于梁益之乡"，货品交流已十分频繁。《汉书》中的记载，大将赵充国驻军青海，距长安900千米，向朝廷奏事，往返1800千米七天就得到指令，充分显示道路的畅通和邮驿的效率。唐代的道路和邮驿愈加完善发达，仅是遍布全国的水陆驿站便有1639所，真正把京都省府与边城远地连成了一片。

"一骑红尘妃子笑，无人知是荔枝来"，杜牧名句讲的是从四川涪陵经蜀道给杨贵妃送荔枝的故事。长驱1000多千米，荔枝宛然如鲜，可见唐时物流之迅速畅达。真正把大批货物以最快捷、最经济、最可靠的运输方式运达的是唐代发达的漕运。隋代开通的沟通渭河、黄河、淮河、长江、钱塘江五大水系，把京都长安与东都洛阳以及幽州、扬州、杭州等省府要郡连接在一起的京杭大运河，真正地发挥作用是在唐代。

长安古道

昆仑山口

　　细观历史，隋虽短暂，却在历史上起到了举足轻重的作用，首先是隋代结束晋末长达300年的藩镇割据，创建了继秦、汉以后第三次大统一格局。隋代打破贵族垄断仕途，采取面对社会的科举制度并延续千年之久。再是著名的大运河正是隋代几次征发百万男女，利用春秋时魏国开凿的鸿沟，吴国开通的沟通长江和淮河的邗沟，疏浚、开掘、接连，终于把钱塘江、长江、淮河、黄河、渭河五大水系连接起来，成为沟通长安与洛阳以及幽州、扬州、杭州等京都要郡的南北大动脉。

运河通西市

由于渭水多泥，行船不便，又在渭水南新开一条从长安到潼关、沟通黄河的运河，长150多千米，名广通渠。这样南北物资可直达长安。

运河长达2000多千米，河宽，水深，能通大型船舶，堪称当时世界上最雄伟的水利工程之一。唐代诗人皮日休评价说："北通涿郡之渔商，南运江都之转输，其为利也博哉！"还有诗作，"尽道隋亡为此河，至今千里赖通波。"

运河开通更为盛唐物资流通插上翅膀。据《旧唐书·韦坚传》载，唐天宝初年（742），当时担任江淮租庸转运使的韦坚，在长安禁苑以东望春楼下开凿了广运潭，东西为广，南北为运，意味可四通八达，引浐河、灞河水注入。开通之日，韦坚请唐玄宗及大臣登上望春楼，满载苏杭、吴越、巴蜀、湖广、荆襄、会稽各地名优物产的船只逶迤而来，桅樯如林，百舸竞流，每地船只不仅标明产地，船夫也穿着各地所产丝绸绢布制作的不同服装；几百名美女盛装助兴，几百名乐工各操管弦。一时间丝管齐奏，鼓乐大作，赶来围观的长安百姓人山人海，各地向玄宗和大臣争献美食，玄宗龙颜大悦，宴会群臣，传令褒扬。这实际相当于一次全国名优特产博览会，愈加促进了物资流通和经济繁荣。可见全国各地所出产品，都可通过漕运抵达京都长安，据挖掘西市实地发

长安古道

现，在永安渠流经西市东侧时，向西市方向又伸出一段长约140米，宽约34米，深约6米的支渠，这表明运抵长安的各种货物，可直接运往西市装卸，保证了物流的迅速和畅达。正是这五光十色的千行百业，让人眼花缭乱的珍奇美物，吸引着世界各地的商人。来长安经商，最多时达到3万多人，加之吴越、苏杭、江淮、巴蜀、燕赵等全国各地的商旅汇聚长安，极大地刺激了长安各类手工作坊的发展，如靖恭坊专司造毡，常乐坊以酿美酒闻名，崇仁坊善造各种乐器，通化门一带则汇聚着能打造各种运货车辆的能工巧匠。其中涌现出不少精通商业运作，能操多种语言，谙熟各国商情的高手能人，也就很自然地出现了盛唐时期非同寻常的富豪，比如邹凤炽。据《太平广记》记载，这位富商，肩高背曲，人称邹骆驼，其貌虽不扬，家中财富却不可胜计。全国都开有分店，尽揽天下财富。家中男仆女婢成群，穿戴豪华惊人。这位邹骆驼出嫁女儿时，邀请了数千宾客，搭建了无数华丽的帐篷，唐时胡化之风起中原，许多达官贵人都以在院落搭建帐篷为时尚。住帐篷成为身份和地位的标志，能搭无数华美的帐篷就像今日结婚包五星级酒店，是富豪才能有的做派。待到新娘出现，仅是陪伴的美女就达数百名，全部绮罗叠翠，披金戴银，珠光宝气，美若天仙，令宾客惊讶无比，分不清哪位是新娘。邹骆驼的富有惊动了唐高宗，召见他询问有多少财富，这位富豪竟反问高宗，秦岭有多少棵树，完了自豪地宣称：即使每棵树挂一匹绢，秦岭的树挂完了，家中的绢还用不完呢！

三

这种类如神话的传闻，在国力强大，声望如日中天的盛唐，没有人怀疑其真实性。这类故事传到西方商人耳中，又会与流传于西方的阿里巴巴探宝的故事结合，大唐在他们心目中就是一座埋藏着无数财富的地方。于是，他们前赴后继，不屈不挠地踏上了通往长安的丝绸之路。出于人类永无止境猎奇探险的本能和追求巨额利润的驱动，在不断的实践和探索中，西亚商人也选择了能够征服戈壁大漠的骆驼作为运输工具，采取长途跋涉和短途转运结合，从西方运来大唐需要的香料、玻璃器皿、铜镜、水晶和化妆品，再从西市运走丝绸、茶叶和纸张。进出之间，自然获利丰厚。纵然穿越戈壁大漠，加上途中费用及损耗，即便有半数抵达，依旧是暴利。正因为欧亚各国从大唐西市获得了巨大的经济利益，以至于罗马和波斯，吐蕃与唐王朝还为争夺丝路发生过战争。当然获得利益的不仅是欧亚各国，巨大的丝绸需求，也刺激了唐王朝丝绸业的长足发展。当时，齐鲁、江浙、四川一带都是丝绸的重要产地。诗人白居易那首著名的《缭绫》

长安古道

对丝绸的精美做了出色的描述:"缭绫缭绫何所似,不似罗绡与纨绮,应是天台山上明月前,四十五尺瀑布泉。中有文章又奇绝,地铺白烟花簇雪。……天上取样人间织。织作云间秋雁行,染作江南春草色,异彩奇文相掩映,转侧看花花不定……"堪与苏锦媲美的还有蜀锦,战国时修筑的都江堰使巴蜀早获蚕桑之利,蜀锦生产历史悠久,秦汉时已大量发展,蜀汉丞相诸葛亮奖励耕战,尤重蚕桑;到唐时蜀锦作为流通货币使用。

丝路连通西域

运河通西市

《新唐书》载，安史之乱时，唐玄宗逃亡四川，正好遇着蜀郡向朝廷纳贡的"春采"，即蜀锦，玄宗当即分给经历"马嵬之变"的将士，稳定了军心。蜀锦品种繁多，华贵高雅，精美绝伦。最盛时仅是成都便有织机5000多张，织女数万，心灵手巧的川妹子在织锦上，暗中较量，一比高低，做尽文章，用尽心机，把蜀人的灵性发挥得淋漓尽致，也为蜀锦争够脸面，使成都有锦官城的美誉。据记载，仅是红色便有水红、绛红、猩红、银红、狸红、深红、浅红之别，黄色又有淡黄、青黄、鹅黄、菊黄、金黄之异；至于图案，则有花卉、飞鸟、奔马、灵芝、牡丹……多不胜数，让人眼花缭乱，无法不喜爱，更让欧亚商人趋之若鹜，争相贩运，也使长达6440千米的丝绸之路上商旅不绝，驼队逶迤，"无数铃声摇过碛，应驮白练到安西"。在长达三个世纪的唐代，不仅强有力地拉动了欧亚各国的经济，也诚如《资治通鉴》叙述丝路沿线盛况时说："是时中国强盛，自安远门西尽唐境，凡万二千里，闾阎相望，桑林翳野，天下称富庶者，无如陇右。"意思是说，丝路经过的河西四郡，武威、张掖、酒泉、敦煌以及陇山以西的天水、兰州，都如同今日沿海城市深圳、上海、天津及港、澳，由于商旅的拉动兴旺发达，繁盛富庶。

丝路沿线，驼队逶迤，驼铃叮当，人烟辐辏，村镇相望，城市富丽。

这是一幅多么令人神往并充分展示大唐盛世与风采的无比雄浑壮阔的风俗长卷，足以和宋代张择端的《清明上河图》媲美。

四

当年，五花八门不断滋生的千行百业，如山堆积让人眼花缭乱的各种商品，如潮水般涌来的各国商人，再是商界难以避免的游戏规则与潜规则……稍稍细想，便让人头皮发麻，唐王朝是如何规范管理这庞大的世界性的超级大市场的呢？

其实事情并不像我们想的那么复杂，古人办事，提纲挈领，抓住要害，删繁就简，反而简单易行。据《新唐书》记载，偌大的西市，设市署与平准局进行管理，两个单位的官员职数为署令一人，从六品上，丞二人正八品上；平准局令二人，从七品下；丞四人，从八品下。每日数万家，数十万人交易；管理官员不足10人，这也大致符合唐代3900人负担一位公务员的国情。市署与平准局的职能有三：一是定时交易，击鼓开市，击铮闭市；二是保证公平，统一度量衡具，凡粗制滥造的伪劣商品一律没官，交易的骡马和奴婢则要公验和立卷，防止欺诈；三是平抑物价，物价低落，官府收购，物价上涨，官府又以平价出售。正是这些切实可行又便于操作的措施，保证了大唐西市的有序、公正和诚信。这恰是任何时代商品交易所需要的最根本的目的，也是最阳光最健康的商贸场所。正因为大唐西市这种如日中天的诚信声誉，使得各国商人和投资人纷至沓来，他们不用担心受到欺诈，更无须到官家"打通关节"。只需操心自己的买卖，把它做大做强。事实是大唐西市沟通了当时世界上最强大、最活跃的唐帝国、波斯帝国、罗马帝国和阿拉伯地区，真正拉动活跃了大半个地球的经济。今天世界贸易组织的所谓"游戏规则"早在1300年前就被唐人运用得炉火纯青。重建大唐西市，再现汉唐气象，愿望虽然良好，但时光不可倒流，历史岂能逆转，任何继承只能是文化、文明，是汉人那种标新立异、气吞八荒的志气，是唐人那种乐观自信、积极奋进的精神，但愿大唐西市这种抹不掉的记忆能激发和提醒我们去创造属于今天与世界同步前进的文明。

长安古道
CHANG'AN GUDAO
唐诗伴远行

唐诗伴远行

一

汉赋、晋字、唐诗、宋词、元曲、明清话本，四大名著汇聚着我国文学乃至文明的辉煌，这是人所共知的事情。但要具体说清楚一种文体辉煌到什么程度，又需下点工夫，比如置于案头这本选了近千位诗人代表作的《全唐诗精华》厚1800页，重2千克，但仅仅是《全唐诗》48000首的八分之一。唐诗当然诞生于唐代，并且这些诗歌绝大部分是在唐都长安创作，或者和长安相关，即便在外省外地创作，也要带到长安来传播，比如孟浩然、李白、李贺。因此说长安是唐诗荟萃之地或者是诗歌之城，大概不会有什么异议。偶然突发奇想，假如唐代没有诗歌，那么唐代的辉煌与神韵、乐观与自信、积极和奋进、豪情与壮举，金戈铁马和霓裳歌舞、灞柳送友和曲江赏花、大漠孤烟和边塞秦月，会不会被岁月淹没而无人知晓。翻着如秦砖般厚重的诗集感叹，我们真得庆幸，上至皇上宰相、王公大臣，比如李世民、张九龄、张说、王维；下至布衣百姓，游侠僧人，比如杜甫、白居易、贾岛，不同阶层、不同职业、不同身份，成千近万名的诗人在长达三个世纪的岁月中，前赴后继，不屈不挠，把亲见、亲历、亲闻、亲赴边塞、亲入宫廷的种种亲身感受，如鲠在喉，不吐不快，写下那么多精彩华章，涉及唐人生活的方方

长安古道

面面：帝后宫闱、宴集游乐、歌舞艺伎、诗文书画、山水胜迹、市井田园、咏史怀古、感时抒怀、日本安南、吐蕃回鹘、边城塞外、战争动乱、感旧伤时、隐送燕居、宗教神话、民风土俗……林林总总蔚然大观，称得上唐代生活的备忘录和百科全书。

二

盛唐大诗人李白，用台湾诗人余光中的话说："秀口一吐，便是半个盛唐。"

有学者认为，李白自身便是丝路畅通，中西交流的结果。有资料表明李白出生于唐安西四镇之一的碎叶城，其地在今吉尔吉斯斯坦之托克马克。当地驻军的各种需求提供了巨大的商机，李白的父亲在碎叶城经商致富，在外娶亲是很正常的事情。李白的母亲如众多的胡姬般年轻漂亮，李白在血缘中便有中西民族结合的基因，所以才无拘无束，狂放不羁。"仰天大笑出门去，我辈岂是蓬蒿人。""天生我材必有用，千金散尽还复来。"1200年后，我们仍被这些坦率真诚，豪放进取的人生状态深深打动。

若没有唐诗，我们怎么知道长安城的格局：

百千家似围棋局，十二街如种菜畦。
——白居易《登观台望城》

又怎么知道唐代富足的程度：

忆昔开元全盛日，小邑犹藏万家室。
稻米流脂粟米白，公私仓廪俱丰实。
九州道路无豺虎，远行不劳吉日出。
齐纨鲁缟车班班，男耕女织不相失。
——杜甫《忆昔》

当然，也无法和唐人一起去欣赏：

三月三日天气新，长安水边多丽人。
态浓意远淑且真，肌理细腻骨肉匀。

——杜甫《丽人行》

丝路通畅，大批西域商人、歌妓、艺人涌入长安，给生活带来了变化：

自从胡骑起烟尘，毛毡腥膻满咸洛。
女为胡妇学胡妆，伎进胡音务胡乐。
——元稹《法曲》

长安古道

三彩马及胡人牵马俑

从诗中不难看出中原汉人喜爱异域歌舞，既有人类共同的猎奇心理，也不免有赶时髦，追浪潮的意味儿。其实不仅寻常百姓，早在汉代，汉灵帝就十分喜爱西域的"胡床""胡座"。中原原本没有床榻桌椅，任何文明都有起根发苗的发展过程。早先人们都是席地而坐，席地而卧。三国时风云人物刘备便曾编织草席度日，说明草席用量很大，不仅晚间席地而卧，白天来客或议事均坐在草席上。但游牧民族，逐水草而居，时常迁徙，为避草地潮湿，做了便于活动拆卸的床具、坐具，也就是"胡床""胡座"。比如小板凳，由于在马背驮放，至今还叫"马扎"。丝路开通后，一些胡人骑马辗转数月才能到达长安，便也带上"胡床""胡座"。汉灵帝见了觉得很稀罕，觉得比草席好，十分喜爱。"上有所好，下必附焉。"原本简单的"胡床""胡椅"经过中原能工巧匠的不断改造，雕镂美化，发展成为桌椅床榻，不仅为帝王将相，也为寻常百姓所接受，从席地而坐上升至桌椅床榻，绝不仅仅是生活方式的一种改变，而应该看成是人类精神境界的提升，文明程度的提升。这显然是由于开放交流带来的一种文明气象。

三

事实是汉唐时代，丝路畅通，社会风气十分开放。由于长安城中西域人口的不断增加，胡化之风盛极一时，"胡服、胡床、胡饭、胡饼、胡歌、胡乐"，首先是"京城贵戚，皆竞为之"，使得不同国家、不同民族、不同宗教、不同文化都能在长安这座国际大都会相融相济，发扬光大，渗透到生活的各个领域。比如建筑，唐式建筑原本雄伟华丽，宏大精美，又能吸纳外来的文化元素，在兴庆宫建造的厦殿，建筑仍是重檐覆顶，楼阁飞檐，但在四周蓄水，用水流冲动巨大的扇轮，造成雨帘飞洒，这便是吸纳了罗马建筑中的喷泉原理。再是佛教的传入，连造佛塔也采用了古印度佛国

长安古道

模式，至今矗立于西安南郊的大小雁塔，历千年风雨，依然巍然耸立云端，仿佛向后人叙说着永远讲述不尽的大唐盛世。

> 胡旋女，胡旋女，心应弦，手应鼓。
> 弦鼓一声双袖起，回云飘摇转蓬舞。
> 左旋右旋不知疲，千匝万周无已时。
> 人间物类无可比，奔车轮缓旋风迟。

白居易这首千古绝唱《胡旋女》讲的是西域康居国（今中亚乌兹别克斯坦）流传的舞蹈。那时，西域中亚许多地方都在大唐帝国的版图之内，设康居都督府，属安西都护府管辖。普天之下，莫非王土，既然是自己的国土和臣民，官员或商队带些能歌善舞的女子去京城献艺演出是很正常的事情。《胡旋舞》以动作轻盈敏捷，快如旋风，让人眼花缭乱，与唐代标新立异、喜新厌旧的社会风气十分合拍，传入京城便风靡一时，甚至连宫廷都争相学舞："天宝季年时欲变，臣妾人人学圆转。中有太真外禄山，二人最能道胡旋。"可见，胡旋转到何等程度，连唐玄宗宠妃杨贵妃（曾为太真道人）都加入其中，至于安禄山虽贵为节度使，原本系胡人，跳舞自是拿手好戏。胡舞如此受欢迎，胡舞的发祥地西域自然成了人皆向往之地，就像佛教传入中国，引发玄奘、法显等高僧去佛教发祥地印度取经一样。再是唐人开朗、健康，向往边关要塞，滋生建功立业的豪情，这其中唐诗的号召与鼓动起了很大作用。

唐诗中，描写西域、边塞、军旅、丝路的诗歌达2000多首，诗人则有李白、杜甫、岑参、元稹、李贺、李颀、王维、王翰、王之涣、刘禹锡、白居易、张祜、张说、张九龄、温庭筠等，可谓泰斗巨子群星灿烂，他们的作品许多都精选在《唐诗三百首》中，成为脍炙人口的名作，比如王昌龄的诗：

秦时明月汉时关，万里长征人未还。
但使龙城飞将在，不教胡马度阴山。
——王昌龄《出塞》

青海长云暗雪山，孤城遥望玉门关。
黄沙百战穿金甲，不破楼兰终不还。
——王昌龄《从军行》

其实以西域、边塞、丝路为题材和内容的作品也极大地开阔了诗人们的视野，给他们奔放的才情提供了一个广阔的平台。西域的辽阔，边塞的雄浑，丝路的壮美使他们的情感愈加奔放热烈，笔下愈加奔龙走蛇，妙笔生花，写下千古绝

长安古道

青海长云暗雪山

唐诗伴远行

黄河远上白云间

一片孤城万仞山

长安古道

唱,为西域和丝路增添了不朽的光彩。

> 吾闻昔日西凉州,人烟扑地桑柘绸。
> 葡萄酒熟恣行乐,红艳青旗朱粉楼。
> ——元稹《和李校书新题乐府十二首·西凉伎》

在唐代那个性张扬、意气风发的时代,一定有人读了此诗,便热血沸腾,说啥也要逛一次凉州,哪怕是"北风卷地百草折,胡天八月即飞雪",去了岂不又可欣赏到"忽如一夜春风来,千树万树梨花开"的瑰丽壮景。

一路的艰辛是肯定的,在我多次考察丝路的旅途中,一路坐着汽车、火车,穿行在数百公里的沙漠戈壁,白炽的太阳悬在头顶,到处都明晃晃得耀眼,眼睛看不了多久就干涩起来,不停地喝水,仍嘴舌干裂,上火难受。那么千百年前,商旅和诗人们是如何去西域的,且看岑参诗作:"十日过沙碛,终朝风不休。马走碎石中,四蹄皆血流。"

然而到达凉州,一切辛苦都化为乌有,万丈豪情又融进酒杯之中:

> 凉州七里十万家,胡人半醉弹琵琶。
> 一生大笑能几回,斗酒相逢须醉倒。

唐诗伴远行

——岑参《凉州城与诸制官夜集》

若无坚强的意志,高昂的情怀,去边塞建功立业的雄心,以苦为乐,积极进取的精神,丝路怎能长驱万里,持续千年之久,大漠孤烟,悠悠驼铃,温馨的记忆,难舍的依恋,都在大智奇才,妙笔神来的唐代诗人笔下痛快淋漓地表达出来。

可以说,唐诗因丝路倍添雄浑,丝路因唐诗而成为史诗。

长―安―古―道

CHANG'AN GUDAO

古道多咏叹

古道多咏叹

古人在创造了神奇栈道的同时,也创造了大量咏叹古道的诗文。经过几千年的风雨离乱,古道已不复存在,诗文却保留了下来。最典型当然要数李白的《蜀道难》。

若再探究:古人都咏叹了些什么?对后世后人有何启迪?

首先,古人何以咏叹?

不管是周秦驰道,还是汉唐丝路,最早咏叹古道的是司马迁的《史记》:"栈道千里,通于蜀汉,使天下皆畏秦!"指的是穿越秦巴大山的秦蜀古道。应该相信,能够修筑万里长城,宽达60米的直道,驰道的秦人能在秦巴大山之间,倚山临水,凿架一条蜿蜒千里,从长安可直达成都的空中阁道,先在精神上震慑对手,然后灭蜀得楚……这是怎样的道路呢?那方公元67年最早"咏叹"栈道的摩崖《大开通》记载:"始做桥阁六百二十三间,大桥五,为道二百五十八里。邮、亭、驿置、徒司空、褒中县寺并六十四所。"

再加别的史料印证:栈道五里一邮,十里一亭,三十里则设置驿。这些凌空飞架的栈道蜿蜒于崇山峻岭之间,湍流绿波之上,时而一廊,时而一阁,时而一楼,时而一亭,是

长安古道

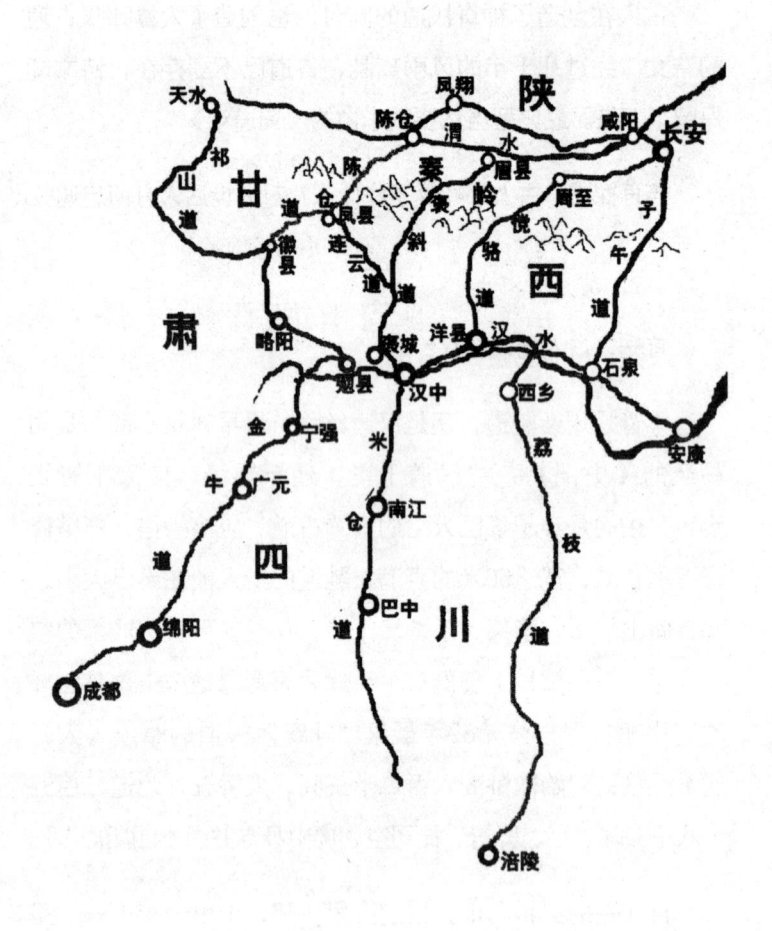

秦蜀古道示意图

何等的考究和华丽,又是多么得雄奇和壮美。

那么,古人行进在这样的飞阁覆道上能无动于衷吗?

再是,古道积淀厚重,秦凿栈道,灭蜀得楚,横扫六合;楚汉相争,明修栈道,暗度陈仓;三国鼎立,诸葛孔明,六伐曹魏;安史之乱,明皇幸蜀;两宋屯军秦岭,抗击金人;蒙古铁骑则两次占据古道,灭掉南宋……兴亡成败,得失荣衰,岂不撩人思绪?

何况,古道必经的秦岭巴山,物产丰饶,风光秀丽。诚如晋人左思所描述"嘉鱼出于丙穴(汉中勉县境内),良木攒于褒谷",修竹茂林,悬泉飞瀑,幽谷茅舍,飞鸟走兽,移步见奇,涉足得美,沿途之高山流水足以使过往行人荣辱皆忘,心旷神怡,足以忘情而咏叹!

二

我们首先看到的是李白俊秀飘逸的身影,这位深信"天生我材必有用"的大诗人,在故乡待到25岁。眼见一个国泰民安、四方夷服的强盛时代已经到来,方才仗剑去国,辞亲远游:

仰天大笑出门去,我辈岂是蓬蒿人。

长安古道

李白与蜀道有不解之缘

出手便不凡，写下被称颂千古的《蜀道难》，一言九鼎，竟使蜀道倍添光彩，广为人知。

另外一位诗歌大师杜甫也来了，走的也是李白走过的青泥岭。但这位"诗圣"却没有他的诗友想得开，老是皱着眉头，一脸沉郁。这也难怪，这正是"安史之乱"的第四个年头，杜甫辞去发不起工资，养不活老小的芝麻小官，只好奔走四川。自己尚在颠沛，却还作诗体贴筑路工匠：

朝行青泥上，暮行青泥中。

泥泞非一时，版筑劳人工。

这就给评论家送给他"人民诗人"的桂冠提供了依据。

唐宋八大家的领袖人物韩愈迈上翻越秦岭的古道时，"安史之乱"已过去半个世纪。这位文豪的日子也极不好过，他谏阻唐宪宗李纯不要耗费巨资去法门寺迎奉佛骨。还举例说前朝信奉佛教的皇帝都很短命，梁武帝数次拜佛，后为叛臣所逼，竟然饿死！谁看了都不舒服，何况皇帝！龙颜果然震怒，非要杀掉韩愈。幸亏丞相裴度为他求情，免他一死，撤去相当于今天副部长级的京官职务，下放到当时还很蛮荒的广东潮州去做地方官员。远去他乡，前景暗淡，他的咏叹也就失去往日峭拔，而充满疑虑：

长安古道

云横秦岭家何在？雪拥蓝关马不前。

当然不应该忘记有"小杜"之称的杜牧，他咏叹过古道，且是让人玩味不尽的名句：

一骑红尘妃子笑，无人知是荔枝来。

川陕交界——蜀门秦关

古道多咏叹

人们公认唐时强盛，经济商贸、盐铁业都极发达，但环境尚未污染，嘉陵江水肯定如李商隐走嘉陵道时描绘的那样：

千里嘉陵江水色，含烟带月碧如兰。

另一位诗人元稹则注意到秦岭起到区划我国南方与北方气候的作用，京城长安已是暮春，古道尚无春意：

帝城寒尽临寒食，骆谷春深未有春。

仅是唐代，大约就有40多位在中国文学史上有相当地位的诗人咏叹过古道。从因病失望，年仅40岁就投水自杀的"初唐四杰"之一卢照邻，到唐末进京考试，恰遇黄巢攻破长安，赶紧逃命的韦庄；从官至中书令，位极人臣的张说，到遁入空门知痴迷作诗的贾岛，都曾踏上秦蜀栈道，留下被收入《全唐诗》的篇章。

两宋期间，分别在今天的开封、杭州建都，政权中心已不在长安，故咏叹蜀道的诗人不像唐代密集。但留下诗篇的几位却全是顶尖级人物：苏东坡、王安石、文同、陆游，再一位是抗金名将吴玠，即唐卿。王安石，这位改革家，两度为相，推行多项新政，却遭到同样身居高位，同为文坛人家的欧阳修、司马光诸人的反对。

253

长安古道

秦蜀古道险峻雄奇

尤其欧阳修，作为北宋诗文的一代宗师，"唐宋八大家"中的五家即三苏、曾巩、王安石皆出其门下，受过其熏陶辅导。他出面反对，王安石的压力可想而知。环顾左右，竟连苏东坡也对新政不置一词。只好在古人高士中寻觅知音，那便是安葬于定军山下的诸葛亮。

粗略统计，蜀道诗章与诸葛亮及其墓祠相关的占了相当数量。仅是大诗人便有李白、杜甫、白居易、元稹、苏轼、陆游、沈周、魏源、王渔洋……真可谓群贤毕至。

王安石是诗人、文学家，但首先是政治大家。他咏叹诸葛，也首先从政治着眼，从济世出发，从格局、气势上就高出众诗人一筹：

恸哭杨颙为一言，余风今日更谁传？
区区庸蜀支吴魏，不是虚心岂得贤。

大文豪苏东坡对蜀道情有独钟是因为本属蜀人。进京为官，回乡探亲，必经蜀道；再是其表弟，有诗名，善画竹，留下"胸有成竹"成语的文同在汉中为官多年，故表兄弟唱和甚多。文同做洋州知州时，曾将蜀道及洋州城郊景物作诗30首，苏轼亦唱和30首，并亲自书写，镌刻成碑，原嵌于洋州署衙，后迁四川时丢失。

咏叹蜀道最多的诗人当推陆游,仅是收入《剑南诗稿》的就有300余首。这位大诗人生不逢时,金人铁骑践踏,国土不断沦陷,入仕后主张抗金又屡受投降派打击迫害,郁郁不得其志。

后来得到时任四川宣抚使王炎的赏识,被邀至当时抗金前线南郑(今陕西汉中)投身军旅生活,参与筹划北伐,壮志得以小酬,才华得以发挥。诗人曾着戎装,跨战马,深入敌区,看望沦陷区的百姓"壶浆马首泣遗民";奔波于褒谷、驼谷之间,亲身体会到抗金战士"有时三日不火食"的艰辛;还曾与士兵一起偷渡渭水:"铁衣上马蹴坚冰。"更多次参与军事活动:"朝看十万阅武罢,暮驰三百巡边行。"真正过了一段磨炼意志的军旅生涯。尽管只有短暂的8个月,但却对诗人日后创作产生了举足轻重的影响,之后,诗人竟然写了三百多首与南郑、前线、古道有关的诗歌。

不能完全抱怨明清两代诗人,说他们咏叹古道的诗篇不及唐人诗篇飘逸豪放,不及宋人华章沉雄俊爽。首先,古道本身就发生了极大变化,没了秦汉倚山临水,凿孔架木,使

古道多咏叹

"栈道千里,无所不通"的气魄,也无隋唐人"飞梁架绝岭,栈道接危峦"的胆识,而是避难就易,沿山而上,使古道成为高可摩天的连云栈道,实际就是青石板山道。

所以,明清诗人首先需奋力攀缘,被饥疲困扰,豪情则不易生发。

清初的两位文豪王士祯与宋琬都加入了咏叹古道行列,再加上一位民族英雄林则徐,晚清重臣曾国藩、张之洞,还有康熙十七子果亲王允礼。这样,与前朝相比也就不显过分势单力薄。并且,林则徐咏叹古道的诗篇有可能是他离世前最后的吟唱。这位虎门销烟的英雄,因受陷害,被充军新疆,又兴治屯田,疏浚水源,于是调任陕西巡抚。其时,广西爆发太平天国起义,咸丰皇帝又委他为钦差大臣,前往督师镇压,赴任途中即病逝潮州。林则徐离陕时,走连云栈道,经张良庙时写下咏史怀古诗四首。我们用其中一首来结束历数千年,无数诗人对古道的咏叹:

偶凭道力领三军,天汉通灵压楚氛。
烧绝褒斜千阁道,衣羽终占一山云。

近年,蜀道及石门石刻国际学术研究会,屡屡被学者们

长安古道

关注、诠释、欣赏，引用最多的是清代几位诗人的作品。比如王士祯，别号王渔洋。为清初第一流的大诗人，大学者，深得康熙赏识，聘他为翰林院侍讲，国子监祭酒，专门主持学政。清代汉人受此殊荣的，王士祯为第一人。

王士祯曾先后三次往来于秦蜀间的栈道。除著有《蜀道驿程记》等三种笔记述录外，还写下大量诗歌，直接歌咏栈道的将近百首。

晚清中兴名臣，曾任两江、直隶总督的曾国藩于道光二十三年由北京公差入川，往返皆走连云栈道，途经汉中，写下《早发沔县遇雨》。另一位晚清重臣，曾任湖广总督的张之洞青年时期两次栈道之行。咸丰五年（1855），张之洞19岁。在贵州做知县的父亲让他入京考试。张之洞沿蜀道北上，写有《宿宁羌州》《凤岭》等诗。在武侯寺碑刻中惹人瞩目的是清朝果亲王所立碑石，果亲王系康熙皇帝第十七子，有行政才干且具文采。雍正十二年，奉命处理达赖喇嘛入藏事宜，沿途检阅各省军队防务，这是清朝治藏的一个重要事件，印证了西藏是中国领土不可分割的一部分。果亲王所撰《西藏日记》与《奉使纪行诗》，刻画入藏旅途多变的风光，不忘使命亦彰显国威。正是这次入藏，果亲王途经汉中，在勉

古道多咏叹

县主持武侯祠修缮时留下了碑刻与诗句。这也从一个侧面展示了秦蜀栈道在维护祖国民族团结，版图完整上起到的重要作用。

三

在实际考察古道中，我寻找了历代诗人咏叹古道的多种作品。探究先贤走过哪几条古道，何处激发了他们的诗情，再做实地考察，还想探究他们在穿越古道时的思绪与情怀。

当然，也感到这题目好大，一时间还真难把握准确。但仔细回味，觉得还是有蛛丝马迹可供捕捉。涉足古道的诗人虽历千载，际遇各异，但不出几类：或辞亲远游，以求闻达如李白；身负王命，远行赴任，如林则徐、王士祯；或军务在身，如陆游、唐卿；或因公务如白居易、岑参；或离乱亡命如杜甫、韦庄；或遭贬流放如杨慎、宋之问；或纯系游玩如文同、毕沅……

或公或私，或春风得意，或惆怅满腹，不管怎么情怀种种，思绪纷飞，一旦踏上古道，置身万山丛中，诗人们面对古道神奇，前人丰功，联想历代成败，目睹山水永恒，情怀思绪都会为之一变！

长安古道

喜获升迁，风头正健的会看长望远，且把锋芒收敛；公务军务，心事重重者会权且放松看淡，先把山水赏玩；尤其遭贬流放，心境灰暗者也会因离开官司纠葛的是非中心，而冲淡痛苦、化解烦恼……比如宋代余靖，因议论范仲淹遭贬自己亦被贬，这首《过青泥岭》便系遭贬时所作：

> 老杜休夸蜀道难，我闻天险不同山。
> 青泥岭上青云路，二十年来七往还。

唐代诗人雍陶一踏上古道，想到的是赶紧到成都去会友喝酒，连京都长安也不放在眼中了：

> 蜀门去国三千里，巴路登山八十盘。
> 自到成都烧酒熟，不思身更入长安。

明代诗人王云凤则沉浸于古道风情画中：

> 且喜晚炊来子午，曾经春雨忆庚申。
> 采茶调急穿林女，放濑声高荡桨人。

明代诗人杨一清思绪就更广阔：

> 云中板阁烧难绝，谷口春色翠欲遮。
> 蜀道秦关俱莫论，如今四海正为家。

古道多咏叹

不难看出，诗人们一旦从京城、从官场、从公务、从纠葛中走出来，走进山水，走进自然，也就真正走进了自己的生命，旷达的益发旷达，豪放的益发豪放，深刻的益发深刻，飘逸的益发飘逸，真正成为性情中人，诗人也就益发成为诗人……

这些对于当今的诗人，当今的文化人不也大有启迪吗？

长 — 安 — 古 — 道

CHANG'AN GUDAO

洋人说古道

洋人说古道

关中地区经过周、秦、汉、唐的不断经营，构筑起以长安为中心的四通八达的弛道、直道、水陆驿道及横跨欧亚的丝绸之路与穿越秦巴大山的神奇栈道。历经几千年的风雨沧桑，不仅是中国的官员与诗人讴歌古道，留下大量诗文及摩崖碑刻，连外国的官员、学者、旅人对古道也多有记叙。

第一位对陕西境内古道关注的是享有世界声誉的旅行家马可·波罗。700年前的元代初期，出生于意大利威尼斯商人家庭的马可·波罗，17岁那年，随同父亲，沿着古老的丝绸之路，进入中国境内的塔里木河流域，穿越河西关陇，前后花费四年时间，1275年到达当时中国首都元大都(北京)。马可·波罗由于见多识广，得到元世祖忽必烈的信任，挽留他在朝中任职，长达17年之久。曾奉诏出使西南、江南，来去几乎遍游中国。后因西亚伊利汗国向元皇室求婚，马可·波罗奉命护送公主，从福建泉州经海上丝绸之路去伊朗，完成使命后返回离开25年的故乡威尼斯。晚年，他写出在中国的游历经过，这便是举世闻名的《马可·波罗游记》。由于马可·波罗在中国旷日持久，游遍大江南北，是外来人的眼光和角度，系统完备地把中国中世纪的繁荣与文明介绍给西方，在历史上还是首次。这为西方认识中国打开了一面窗户，之后的探险家哥伦布就深受此书的影响。

长安古道

马可·波罗曾奉诏出使西南，他由北京出发，经山西，从风陵渡过黄河进入潼关，西安、汉中是他去成都必经之地，他在书中如此记叙汉中："此平原广延二日程，风景甚丽，内有环墙之城村甚众。此行二日毕，则见不少高山深谷丰林。"还特地指出，"此地生产生姜甚多。"

据此书翻译者，曾留学欧洲的我国近代著名的史学家冯承钧考证，马可·波罗从西安出发，由傥骆古道，即从周至进入秦岭，经今佛坪出山，经汉中的洋县、城固、勉县入川，穿越汉中盆地正好需两天时间。再是城固至今为产生姜大县，想不到700年前在外国人笔下已有著述。

在300多年前的清初，罗马尼亚学者米斯列库被委任为出使中国的使节，于1676年到达北京，见到康熙皇帝，米氏游览了中国许多地方，撰写了一部《中国漫记》。其中有对陕西汉中的描述："陕西省第三城市叫汉中府，位于两条河的会合处，其中一条叫汉水。虽然四周有崇山峻岭环抱，但土地十分肥沃，到处精耕细作。"米氏还对秦蜀栈道做了称赞："从首府西安到本城(汉中)的公路，穿山越岭，盘桓险峻。这样的工程实为其他帝国所罕见。"

米氏赞扬的公路应该是康熙三年，即1664年陕西巡抚贾

从左至右依次为马可·波罗、李希霍芬、南怀谦

汉复组织的对连云栈道大规模修整，遂成有清一代入蜀乃至入滇、入藏的干道。米氏到达时，距维修仅10余年，应是桥栈齐全，驿站完备，故作出"为其它帝国所罕见"的高度评价。由此，可看出栈道在世界交通史上的重要地位。

竹添井井是日本明治时代的汉学家，他于1875年出任外交官来到中国旅行。他由北京出发，经陕西由连云栈道入川，复由三峡出蜀，历时四个月。之后，他用汉文著成《栈云峡雨稿》两卷，对沿途所经山川地貌、夜宿驿站、交通工具，或马或车或轿都有详尽描述。尤其值得称道的是竹添井井凭学人眼光与文学修养，对穿越秦巴古道时见闻描写得十分仔细和生动。比如：

长安古道

"既入两栈（指穿秦岭的北栈与越巴山的南栈）山间地皆垦为田圃，岩缝石罅，无不菽麦。所至鸡犬相闻，牛羊截路。路之险者，凿而辟之；栈之危者，磴而栏之。宛为康庄，两骑联而走矣。都邑则繁盛，客店则阔壮，肩舆络绎，昼夜不绝，小站亦皆饮膏粱以待客。"

其时中国正谓康乾盛世，连偏远的秦巴山区都如此丰饶，充满生机。无怪这位日本学者感叹："吁！天下之事，每出意料所不及，非深于阅历者宁可与语之哉？"若不是亲身阅历，讲给别人听他也不会相信啊！正是日本学人竹添井井《栈云峡雨稿》的出版，为人们了解清代中期陕西境内的山区群众生存状态及栈道生态环境提供了方便。

19世纪德国地理学家李希霍芬曾7次来中国进行地理考察，在其多卷本的著作《中国》一书中，首次把"从公元前114年到公元127年间，中国与河中地区以及中国与印度之间，以丝绸贸易为媒介的这条西域交通路线叫作'丝绸之路'"，这一提法由于率先概括，说明问题又富于色彩，迅速被各国学者所接受。

从李希霍芬的著作《中国》得知，他于1871年9月到1872年5月，用9个月的时间对从北京到四川的路线进行考察。所经太原、西安、宝鸡、汉中、广元、成都。1872年1月3日，李希霍芬到西安，他写下对西安印象："西安府是我在中国见到的仅次于北京的最雄伟的城市。城墙长40里，墙体与北京同样高，保持得很好；城东门与潼关一样漂亮，比北京的任何一座城门都大。"赞美之情，溢于言表。

1872年1月16日，李希霍芬离开西安，前往成都府。所走路线为延续明清两朝的连云栈道，即从西安出发，经宝鸡进入秦岭入北栈至汉中，再经宁强入南栈到达成都，其线路大

金牛道峡谷

长安古道

致与抗战前夕所修川陕公路一致。李希霍芬为今日留下珍贵资料是行走所用的工具："我租骡子到了成都府，四川省的治所，共24站，每站租金为17两，预付三分之一。"清楚表明汽车传入中国之前行旅方式主要是骡马，当时从西安到成都需24天。

西秦重镇宝鸡给李希霍芬留下的印象是："宝鸡县周围的人口最密。此城位于黄土坡上，沿坡绵延，部分城墙建在黄土坡沿上。周围有许多新建的黏土房和土窑。这个奇特的小地方比之于我迄今所见的格外热闹——这里有川流不息的人群和牲口群。"当天他下榻益门驿，次日要进入秦岭，又写道，"之后，路便直奔一个从西南方过来的山谷里去了。"

李希霍芬作为地理学家，他的观察十分仔细，展示出专业眼光："第一天我就越过了主山口，（今天川陕公路从宝鸡市区过渭河，经益门镇，入大散谷，公路多重盘旋，至秦岭分水岭40千米。李希霍芬住益门驿，驿路不用多重盘旋，至秦岭分水岭应为30千米左右，故当天就越过了主山口——笔者注）由此我也离开了黄河盆地，峡谷夹在陡峭的花岗岩壁之间。这是一座格外峥嵘的山，排排齿状岩石依次延伸到最高的山脊上。这个山口，煎茶岭，位于平原山最后一个地方上方约1100米处，海拔约1800米。"但他又写道，"我对黄

洋人说古道

金牛古道的如画美景

河盆地依依不舍，因为这里的好多东西我不得不交给我的那些研究中国的后继者去研究。这道分水岭所做的分割是多么的剧烈啊！但其实两边的人们却是融为一体的。"这些文字表明李希霍芬行色匆匆，没来得及对八百里秦川做更深入的了解而感到遗憾。

读李希霍芬的著作《中国》，我多关注的是他描述道路的文字。因为他走的是明清两代沿用的《天下水陆路程》中所载，北京至陕西——四川路。这是连接中原与西南乃至滇

长安古道

蜀道沿途山水美景引人赏叹

藏的重要交通孔道。让人惊喜的是李希霍芬对道路多有描述:"有的地方路是凿山而成,砌上护墙并用柱子支撑。路也建得宽阔,尽管保存下来的路并非处处宽阔。唯一还能让人看出这是一条古老的人造大道的地方,它的取线和它是用石块铺设的。所有现存的路段都用石块铺设,但石块大多已经年久失修,所以走起来时分外难,时而有老拱桥。路上交通繁忙,产自山里的木材和木炭向下运到渭河,还有远道而来的。一般都由人背来的大米、糖和其他产自四川的商品。

"今天的路程是沿着东河往下向西南方走。跟此前在山口那边一样,道路都保持在河的一侧,以避免建桥。于是人们必须沿着陡峭凸起的岩石,有时还要越过这些凸起的岩石建路。大段的路都是在坚硬的角闪石里凿出来的,这可是费劲活儿——你想啊那时又没有火药,尽管比之于建造现代山路的难度那是微不足道。

"城南隔着一段山麓再次隆起了较高的山。路一直追随着左岸,所以难免在山峡中有些犯难。河边有横冲着岩石火层的高高的断崖,这些制造了巨大的麻烦,在有的地方沿着这样一道岩壁的道路几乎只能架在桩柱上。

"河流在狭窄的岩石峡谷中流动,在险峻的岩石峡谷中下行,道路从一条小支流的索桥上经过,这是我在这里见到的第一个索桥。6条15米长的锁链,相互的间距很小,紧绷着,上面铺着板子。桥晃晃悠悠,对于牲口而言不无危险。

"这里的道路实际上如同马可·波罗所言,是贴着岩壁筑起的,局部用桩柱撑着,最古老的路段在糟糕的地方还可看见他所描述的1英尺高的护墙。这些路段是最好的路段。可是尽管道路受到了精心的修扩而保存至今,但路况极差。

"在青桥铺以下15里处河流蜿蜒穿过一个壮丽粗犷的岩石峡谷。坚硬的片麻岩山壁,深处的河流和沿着山岩蜿蜒而

长安古道

古道上的洋人

去的富有生机的道路，一幅壮丽的景象。

"河流的边仍旧是高大粗犷的山峰，峡谷难以通行，这从道路要越过一个山口才能到达褒城可以出。"

在这些描述中，作者笔下有石碥道，有残留的栈孔，有仅存的栈道，有摇晃的铁索桥，有1英尺高的护墙，有与马可·波罗所言道路的比较，还有我们熟悉的益门镇、青桥铺和老褒城，仿佛一幅有声有色的古道行旅图，把150年前的秦蜀古道逼真鲜活地展现出来。

李希霍芬除了关注古道外，还讲述了沿途所见所闻，展示了他考察的仔细和经济商品知识与眼光："在翻越大山的货物中，大米、糖、丝绸和药占据了首位，都是从南往北运的，此外往同一方向运的还有纸、木工胶、细面条等。绝大多数的货物都靠人背。一个人背着货物，大约80~100斤，从汉中府到虢镇（600里）是34吊。按80斤3吊算，这样的陆上运输的正常价钱是每100斤每里6文钱。骡子每天大约1吊。按骡子负重200斤日行80里算，两种情况下价钱一样。"

李希霍芬还描写："两山之间的一片90里长的平地，平地上有汉江的沙质河床。这一片肥沃的冲积地，路上行人穿梭，尤其是菜园子附近，这是一条三里长的热闹的街市，一串张灯结彩的杂货铺里摆满了琳琅满目的商品,正在开门迎客,人们举止十分有礼。"

这显然描述的是汉中盆地勉县黄沙镇的情况,其时临近春节,所以李希霍芬看到民众在腊月购置年货的热闹情景。难能可贵的是他在五丁峡口遇到去北京的西藏使团:"穿黄袍的首领被用圆顶轿子抬着,有20多名身着红袍的喇嘛和30多名随从,有的骑马,有的步行。150多匹骡子,每匹负重200斤,驮着仔细缝在皮袋里的东西,很可能都是给皇帝的礼物。重要的私人行李基本都由苦力们抬轿一样的抬着。行李上插着红旗。"这段文字的珍贵在于见证了晚清时西藏对中央政府的认可与尊崇,同时表明秦蜀古道是连接内地与西藏的交通要道。这些文字来自享有世界声誉的地理学家李希霍芬就有了非同寻常的意义与存史价值。

除文字外,外国学者还为我们提供了图片。

比如这张良庙照片,我是在无意中发现的。自潜心考察古道后,每去西安,南院门古旧书店是必逛之地。这次看见的是一套北京时事出版社出版的百年官藏库本丛书,一共四册:《中国的乡村生活》《变化中的中国人》《中国人生活的明与暗》《穿蓝袍的国度》。丛书作者都是百多年前在中

洋人说古道

国居留生活，熟悉中国社会的西方人士。他们或是传教士，或是社会学家。他们以外来人的眼光考察、思索东方这个古老的国度，并以生动传神的语言记录他们的观感。珍贵的是每本书都附有他们在中国拍摄的照片，让人能最直观地看到晚清一幅幅社会各方面的逼真情景。

古老的街市，负重的骆驼，苍凉的驿道；摊贩、挑夫、僧侣、农妇、工匠、衙役、乞丐、匠人，还有婚嫁场景、送葬的男女、结队商旅……无所不包。这些照片让人过目难忘，因为这便是生养我们的国土和先祖。突然，我的目光被一幅照片吸引：起伏的大山怀抱中耸立的双层挑檐尖顶楼阁，丛林下古老的街道，这不是留坝的张良庙吗！

但照片下的说明却是陕南流水寺的了望塔，约建于公元前200年。先让人一愣，张良庙怎么成了流水寺？授书楼又如何变成了望塔？仔细一想，陕南没有搞错，公元前200年正是西汉开国年间，时间也正确。流水寺就只能是留侯寺译音失误，授书楼在西方人的眼中颇似一座了望塔。关键山形地貌、建筑街道，只要是熟悉张良庙的人都会一眼认定：这就是张良庙。刊有张良庙照片的书为《变化中的中国人》，作者罗斯，美国威斯康星大学教授，社会学家。20世纪初曾来中国居留生活，并乘马、坐轿（当时尚无汽车）到中国内陆西北与西南考察。这本书写作出版均在清代,被认为是西方人士观察中国的代表性作品。

罗斯是在1910年初夏,与美国驻厦门领事爱罗德结伴由北京出发,经山西,进潼关,到西安、兰州,返回沿连云栈道进入四川成都,出三峡而行的。罗斯说:"此行使我看到了白人很少到过和描述过的中国西部。"

应该说,这是比较客观的。当时由于交通不便,尽管有驿道,但从书中照片看也如晚清政权般千疮百孔,道路仅宽丈余,且被雨水冲刷,竟比地面还低数尺,仅供骡马、独轮车通行。至于穿越秦巴大山的古道就更是年久失修,破败不堪。除了负有精神使命的传教士,外国人极少光顾,更不说著书描述。再是照相机发明时间还不长,底片是叠印在毛玻璃上的,携带沉重且不方便,照相机和旅行在当时都是稀罕事。从这本书中的照片看,大都是罗斯这次西部之行的收获,为我们了解晚清中国西部地理山川、人文市井提供了最直观的印象。

值得书写一笔的还有意大利天主教神父南怀谦。他1880年出生于意大利贝尔加莫省,1903年23岁时被任命为中国陕西汉中教区神父。从马赛登上驶往远东的轮船,历经数月抵达上海,又辗转车船,于1904年1月抵达汉中城固县古路坝

洋人说古道

教堂任职。首先，他用整整一年时间学习汉语，了解中国社会和文化，秦巴山地的史地与民俗。在汉中传教期间，他常年奔走在教堂与各县城镇乡村，有机会接触社会各阶层人物和各种生活场景、民情风俗。最可贵的是10年间，他用当时笨重的摄影器材，拍摄了大量的照片，真实记录了秦巴拱围中的汉中千行百业，官府显贵、贤达士绅、操练士兵、教民修女、船家挑夫、渔民猎户的劳作场景，教堂育婴所收养的数以千计被贫困人家抛弃的婴儿，还有汉中巍峨的城楼，热闹的街市，迎亲送丧的队伍，衙门前犯罪待决的囚徒等，堪称中国晚清社会生活的真实缩影和备忘录，具有珍贵的史料价值。庆幸的是这批照片被南怀谦带回意大利保存下来，整整一百年后这批纪实摄影以《世纪回眸》为书名在澳门出版。汉中方志办获得馈赠，放大在市博物馆展出，十分轰动。因为它使今天的人们了解到百年前最真实的汉中社会风貌。南怀谦居住过的教堂城固县古路坝，抗战时又成为西北联大工学院教学所在地。关于古路坝教堂的照片又为解读西北联大提供了真切场景。不难看出，从元、明、清以来，从马可·波罗、米斯列库、竹添井井、李希霍芬到南怀谦，从文字到照片，这些洋人眼中与笔下的古道记载，无论是文字还是图片都难能可贵，成为今天研究古道弥足珍贵的史料。

长│安│古│道

CHANG'AN GUDAO

长安与罗马

长安与罗马

一

我们得感谢历史造就了这样的机遇，由于丝绸之路的开辟，使古罗马与汉长安开始交往，东西方崛起的两大文明得以交流，互相影响，实现了两个"历史巨人"的握手。在人类文明史中写下了浓墨重彩的一笔。

古罗马与汉长安曾经分别是屹立于东西半球的两大都市，代表了当时人类文明取得的最高成就，在萌生、发展、崛起与辉煌的过程中，既有相同，又有差异，起落荣衰正好体现出人类从远古愚昧走向现代文明的曲折历程。古罗马与汉长安几乎同时崛起于3000年前，公元前11世纪中期至前771年，西周在今西安市长安区斗门镇建丰镐城，开长安建都之先河。而此时，约公元前753年罗马人也开始在七丘之间建罗马城。之后，中华大地经历春秋争霸，秦扫六合，建立了统一的秦王朝，"汉承秦制"定都长安。汉初"文景之治"，朝廷轻徭薄赋，百姓休养生息，国库充盈，社会安定。到汉武帝时，又重用卫青、霍去病、桑弘羊、董仲舒、张骞等一批军事家、思想家、外交家，冶铁煮盐，兴修水利，打击匈奴，交好西域，把中国古代社会推向了第一个巅峰。其时汉代疆域东南至海，西北至今哈萨克斯坦境内巴尔

长安古道

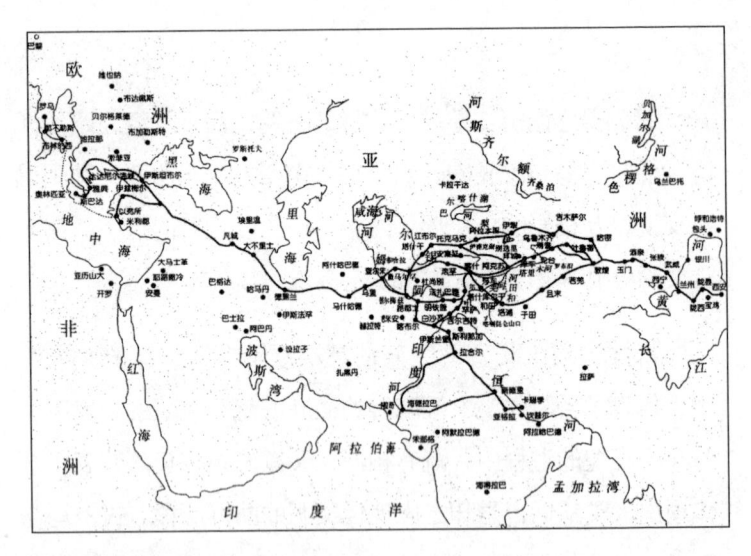

丝绸之路示意图

喀什湖，包括了今中亚许多地区，西南至越南中部，东北则至朝鲜半岛，是当时世界上幅员辽阔、实力充盈、四方辐射、万国来朝的第一号强盛大国。并且，两汉持续时间长达400年之久，制订典章，拓展疆域，开通丝路，沟通欧亚，对后世的影响既深且巨，绝无仅有。华夏民族正是经历了汉王朝才定型使用"汉族"这一称谓，并被周边国家和少数民族所确认。而汉语、汉字、汉风、汉俗被西方称为"汉学"，这也是世界各国对这种文明的认同与肯定。

长安与罗马

此时在西方，立足于亚平宁半岛的古罗马与在欧洲另一个崛起的强国迦太基之间历时百年进行的三次战争中，取得一次次的胜利，成为欧洲唯一的强盛大国，其控制的疆域几乎包括了今地中海沿岸埃及、毛里塔尼亚、西班牙、法国、比利时、英国、奥地利等广大领土，使地中海和黑海都成为其内海。固有的罗马文化与埃及文化、古希腊文化因交流融合相互影响，既推动了各自的文明，又在融合中获得了强大的生命力，形成足以代表本国、本民族乃至本大洲文明的最高水平。古罗马文明以及之后在这片古老土地上产生的文艺复兴运动，其影响一直延续至今，对造就今天欧洲文明乃至整个人类的文明都功不可没。

二

尽管，古罗马与汉长安相隔万里，其间关山阻隔，江海凶险且无任何较迅捷的交通工具，但这两大文明曾相互吸引，都洋溢着强烈的探求精神，双方都对沟通交流表现出强烈的愿望，前赴后继，留下许多可歌可泣的壮举和佳话。早在公元前138年，张骞便出使西域，成为日后兴盛的丝绸之路的先声，史称"凿空"。张骞被汉武帝封为博望侯，"博望"恰如其分地表现出汉长安文明努力打破地域束缚、探求

长安古道

罗马市政厅

罗马斗兽场遗址

长安与罗马

世界的精神。张骞出使西域返回长安后，首次报告了罗马帝国富裕强盛的种种信息。其时，罗马被汉朝称为大秦国，汉帝国则被罗马人称为"赛里斯"，意为丝绸之国，可见中国的丝绸当时已辗转传入罗马。据西方典籍记载，丝绸最早传入罗马是公元前53年。其时，罗马将军克拉苏率军追击波斯人的军队，波斯人突然回军反击，在喊杀声中展开多面丝绸大旗，巨大而众多的红色丝绸在阳光下一片鲜红，散发出神秘魔光，罗马人因此大败。事后，罗马人才知道这种摄人心魄的丝绸源于遥远的中国，这正是张骞第二次出使西域时带去的丝绸。当时一位罗马诗人赞叹："丝国人制造的宝贵花绸，它的颜色像野花一样美丽，它的质料像蛛丝一样纤细。"甚至连《古兰经》中都称"丝绸是天国的衣料"。一时间，古罗马帝国的皇室贵族都以穿中国丝绸为荣，一次恺撒大帝穿着丝绸长袍去看戏，造成了比演出还吸引观众的轰动效应。整个罗马都以穿丝绸为时尚，以至于造成一两丝绸可换一两黄金的昂贵市价。精明的波斯人抓住罗马人急于得到丝绸的心理，千方百计探索通往"赛里斯国"，即产丝的国家，也就是"大汉帝国"的道路。随着丝路的畅通，不仅刺激了中国的丝绸生产和蚕桑的发展，也使沿途的巴格达、君士坦丁堡（今土耳其伊斯坦布尔）甚至埃及的亚历山大城成为活跃的丝绸中转之地和商贸中心。由于双方都渴望沟通与交流。之后,定远侯班超在疏勒(南疆喀什)长达30年边塞生涯中,更多地得到古罗马的传闻,便派副使甘英出使大秦,即罗马。这次甘英到达了地中海边,因缺乏航海工具"临海而还"。这是2000年前中国人穿越两河流域、伊朗高原到西方最远的地方,虽未最终到达罗马,却带回了更多关于罗马帝国的信息,而中国使节前来造访的消息也给罗马带来惊喜。两个大国间的直接交往已是迟早的事情。

三

公元166年,汉桓帝延熹九年,"大秦王安敦"即罗马帝国国王终于派遣使臣到长安,进献象牙等礼品,汉帝也回赠丝绸等物,两国间开始通过丝绸之路进行直接交流,这次彪炳史册的交往意义非同寻常,应视为两个文明古国历史性的握手,共同推进了世界文明历史的进程,给世界历史留下辉煌灿烂的一章。

各种史料和出土文物都表明,丝绸之路曾畅通达千年之久。中国的丝绸、瓷器、纸张、传统青铜工艺品都曾大量输出,汉唐之际的冶铁、打井、丝织、造纸、灌溉等技术也曾传到西域;欧亚出产的玻璃器皿、胡豆、西瓜、宗教、歌舞、音乐、绘画也曾带往长安，汉唐均以博大的襟怀，对外来文化兼容并包，"胡化之风起中原"，对汉唐文明的丰富与发展起到了重要作用。

东西方通过丝绸之路的交往，在唐代达到了鼎盛。一方面，唐王朝是整个封建时代最发达昌盛的阶段，丝绸历经千年，也进入高度发达时期。据《唐书》载，当时的蜀帛品种繁多，华贵雅致，美轮美奂，仅是红色便有水红、绛红、猩红、银红之别；黄色又有鹅黄、菊黄、杏黄、金黄之异；而且图案多样，精美绝伦，让人无法不喜爱。我曾在新疆博物馆见到出土的唐代丝绸，历经千年竟保存完好，色泽如新，若非目睹，几难相信。那么，丝绸对当年以罗马为中心的西方世界的吸引力便不难想象。由于唐王朝的包容开放，与各国的交往更加频繁，唐高宗与武则天合葬的乾陵，矗立的外国使臣石刻竟达61尊，代表着61个国家。仅见于史书的大食国，即当时阿拉伯帝国便曾遣使来唐王朝37次之多，日本出使中国"遣唐使"也达19批3000多人。其中，晁衡留居中国达半个世纪。当然，交好也有交恶，比如唐开元年间，大食国势力入侵今中亚地区的昭武九姓国，这是当时与唐王朝关系密切的部落国家。公元750年，唐王朝大将安西节度使高仙芝出兵大破大食，并俘获其国王。但次年，高仙芝却被大食

长安古道

汉长安城遗址

国所败,数万唐兵被俘,其中有不少会造纸的工匠,大食国便利用这些士兵开厂造纸,中国发明的造纸术由此传入欧亚。不仅是丝绸和造纸术,近年考古工作者在伊拉克境内的沙玛拉城遗址中发掘出大批中国陶瓷,其中有唐三彩、白瓷和青瓷。在非洲的开罗古城,也发掘出唐代的瓷器。在吐鲁番、西安、太原等地也都出土过波斯乃至罗马帝国的银币和金币。从史料看,盛唐时期输出的主要商品是丝绸、瓷器、

地中海的日出

纸张和铜铁器物,从西方输入的主要是香料、象牙、犀角、珍宝和骏马等。

四

古罗马与汉唐长安相隔万里之遥,就人种、民族、语言、文字及所处环境物候有较大差异,但在拓展疆土、训育军队、建设城市、规筑道路、商贸交流、文化艺术等方面却

长安古道

惊人一致。比如在军事方面，古罗马和汉王朝都曾下了很多力量培训建立骑兵军团，以利快速进攻，反映了一种积极的进取精神，古罗马曾从波斯获5万匹良马，汉武帝则起用卫青、霍去病组建骑兵军团，战胜强大的马背民族匈奴。其结果是罗马建立地跨欧亚非三洲，以地中海为内海的庞大帝国，汉王朝的疆域曾几乎包括多半个亚洲。当双方版图极大扩张后，古罗马与汉唐王朝都用很多力量修筑全国道路，以便政令畅达，疆域巩固。罗马帝国在征服广大地区之后，几乎动员了所有人力修筑道路，据记载公路里程达12万千米，有80多座古罗马时期的桥梁至今仍在使用，故留下"条条大道通罗马"的说法。汉王朝则继承秦制，不仅拥有直道、驰道，还修筑了沟通中原与大西南的"五尺道"，开拓了万里丝路，且有邮亭、驿站等配套设施。再是在都城建设中，双方都把人类文明推向当时的极致，将古都修建得极为壮丽辉煌，历经千年风雨，仍巍然高耸的斗兽场、万神殿、凯旋门、大教堂无不让世界久久地惊叹。汉长安城经发掘仅周长达35千米，规模超过古罗马城，其未央宫、上林苑、甘泉宫中亭台楼阁、水榭长廊、珍禽异兽，史载与实物相证，仅是陶质排水系统的科学合理，近百种瓦当图案的精美，便让人感觉到汉时长安城的恢宏与气派。再是古罗马与汉唐长安都

长安与罗马

出土了歌舞陶俑,反映出帝王们对歌舞的共同喜爱。不仅如此,从古罗马与汉唐王朝的典籍中可以发现通过互遣使臣,商贸沟通,双方都表现出良好的交往愿望,互称对方国家人民"长大平正,有类中国"和"举止温厚"。这正是双方表示亲和,愿意沟通交往的基础。事实上古罗马与汉唐长安正是通过丝路的牵引,互相交流学习,在欧亚大陆两端实现历史巨人的握手,以各自强盛的首都为中心,发展出云蒸霞蔚、博大精深、泽被后世、影响深远的文明,以致2000年后的今天,我们仍为之自豪、为之感奋。

参考书目

《陕西古代道路交通史》,王开主编,人民交通出版社,1989年。
《古道论丛》专号,陈全方主编,成都大学学报,1989年。
《华阳国志》,晋·常璩著,巴蜀书社,1984年。
《明代驿站考》,杨正泰著,上海古籍出版社,1994年。
《中国通史简编》,范文澜著,人民出版社,1965年。
《汉三颂专辑》,郭荣章主编,陕西人民美术出版社,1993年。
《徐霞客游记校注》,朱惠荣校注,云南人民出版社,1985年。
《褒谷古迹辑略》,清·罗秀著,汉中方志办郭鹏校注,1997年。

《蜀道话古》，李之勤等著，西北大学出版社，1986年。
《孙可之文集》，唐·孙樵著，上海古籍出版社，1976年。
《史记》，汉·司马迁著，国际文化出版公司，1991年。
《汉书》，东汉·班固著，延边人民出版社，1996年。
《三国志》，晋·陈寿著，延边人民出版社，1996年。
《新唐书》，宋·欧阳修著，延边人民出版社，1996年。
《全唐诗》，竞鸿等编，吉林文史出版社，1994年。
《水经注全译》，陈桥驿主译，山西人民出版社，1995年。

后记

百年的中国在上海，千年的中国在北京，三千年的中国在西安；如果中国是一棵大树，在北京看见的是茂密的树冠，在西安则看见的是茁壮的树根。

这仅是千百种描述或对古城西安认知的一种。西安出版社策划出版"纸上长安"系列图书，显然有比此更充足的理由，更全面的考虑。我忝列编委，并承担其中《长安古道》的写作。尽管，涉足蜀道、丝路、唐蕃古道愈30年，但仍诚惶诚恐，不敢马虎。因为之前，是对某一条古道的探寻踏访。而这本著述则显然要以古都长安为中心，对由此辐射出去的四通八达的古道——钩沉，通盘描述。于是，由春至冬，撰新叙旧，翻阅典籍，实地探访，突然又发现某方志一段记载，某古道一通碑石，也尽量收入使之完备，尽量减少缺失遗憾。毕竟，白纸黑字，进而撰述、编辑、印刷、成册……都属不易。

故而，我珍惜每一次与读者的见面；也感谢西安出版社为"纸上长安"系列图书所有付出辛劳的朋友们。

王　蓬

2020年春完成于汉水之滨无为居